# 基金管理大師

成為讓基金經理<br>
害怕的基金操盤

趙劭甫、鄭一群 一 著

# 目錄

# 目錄

## 第3章　基金新手必須掌握賣基金的方法

# 第 4 章　基金新手如何炒開放式基金

# 第 5 章　基金新手如何炒封閉式基金

# 目錄

# 第7章　基金新手如何炒貨幣市場基金

# 第8章　基金新手如何炒指數基金

目錄

# 目錄

# 前　言

　　「玩股票風險高，買基金能賺錢」、「基金經理是專業人士，選的股票放心」、「股票價格太高不敢買，買點基金吧」。買基金的財富故事正在口耳相傳，基金身上籠罩的光環正在快速放大。於是，越來越多的人知道基金是個好東西，紛紛加入了基金投資者（以下簡稱「基金操盤手」）的團隊。

　　長期來看，基金必將成為未來理財最主要的方式之一。與目前其他的各種投資方式相比，基金所具有的分散風險、專家理財優勢，使其成為大眾的最佳理財工具。

　　但不少基金新手對於基金產品的特性、自身的財務需求和風險承受能力並無清晰的認識，看到別人賺了錢，便也懷著「發財夢」興沖沖的入場。如果他們既缺乏承受風險的能力，也沒有承受風險的準備，一遇基金淨值大幅調整，自然手足無措。

　　因此，對於基金新手來說，如何正確的認識基金、認識基金投資中的收益和風險成為當務之急。

　　本書希望從基金基本常識入手，向讀者介紹如何選擇好的基金、如何管理自己的基金投資組合、如何認識與合理的控制基金投資中的風險，介紹基金投資實際操作中的流程與細節，並為讀者解答基金投資中一些常見的問題。

## 前 言

　　木書既適用於基金新手，也適用於有經驗的基金操盤手。是一本廣大基金投資易於接受和掌握的書籍。

　　在本書的編寫過程中，參考了大量的最新資訊，以及眾位基金經理人的觀點，在此表示感謝。另外由於編者水準有限、基金市場變化迅速，書中難免有不足之處，懇請讀者批評指正。

# 第 1 章
## 基金新手必須掌握基金的買賣流程

# 1、炒基金前做好哪些準備

不打無準備之仗，這是許多人都知道的。俗話說，工欲善其事，必先利其器。基金新手開始炒基金前，需要做哪些必要的準備呢？

### (1) 確定自己的目標與需求

基金新手可以先問自己這個問題。除了賺錢這個答案外，仔細想想，其實賺錢後的用途才是買賣基金真正的目標。不同的人會有不同的目標與需求，像有的大學生想要在畢業後出國留學、父母想為子女儲備教育基金、上班族想過著衣食無憂的生活等等，都是購買基金的原動力。通常而言，買基金的目標必須明確，最好能訴諸文字或數位且具可行性。像「我希望成為有錢人」、「我要住在高級住宅區」等，都是不夠明確的目標，最好將賺錢目標與人生規劃結合在一起，例如「我希望在四十五歲前退休，屆時擁有五百萬元的基金」。

### (2) 準備本錢

資金就像打仗時用的彈藥，否則再高昂的熱情和平穩的心態也是派不上用場的。用於買基金的錢應當是自己的閒錢，這樣負擔較小，不會因為借錢而承受支付利息和本金可能受損的雙重壓力。即使基金暫時的表現差強人意，也不會過於焦慮，更不會出現急於歸還借款而賠錢出局。即使用自己的閒錢買基

金，也要學會運用「三分法」，三分之一用於儲蓄，三分之一用於買一定的保險，而另外的三分之一才可以買基金。

### (3) 選擇適合自己的基金品種

如果你是比較保守的人，則有穩定收益的平衡型或債券型基金會比較適合你。如果你追求高收益高風險，則可考慮積極成長型但風險可能較高的股票型基金。

### (4) 不要將所有的錢都用於股票型基金

建議你不要將所有的錢都用於股票型基金上，因為股市中總有難以預料的風險。預留出一定的生活應急費用後再炒基金。另外，借來的錢是不適合買賣股票或基金的。

### (5) 保持良好的心態

買賣基金既要面對基金淨值下跌的煎熬，同時又能在基金淨值的上漲中享受快樂。賠錢沒必要氣餒，賺錢也未必就一定要跑去沙灘享受陽光，關鍵是要學會控制自己的情緒，調節自己的心態，做到可持續發展。其實離市場遠一點，反而會看到更多規律，離市場太近，整天講今天基金淨值漲幾分錢，明天淨值跌幾分錢，只會迷失方向。買了基金後，是不是能夠堅持長期持有，這是一個很重要的問題。因為基金的淨值是不斷變化的，不要為淨值上漲而心情高昂，也不要為淨值下跌而悲觀、寢食難安。

# 2、投資者與基金管理人、基金託管人關係明確

通俗的講，投資基金就是彙集大眾資金，委託投資專家（如基金經理），由投資專家按其投資策略，進行投資，為大眾謀利的一種投資工具。投資基金，是一種利益共用、風險共擔的集合投資方式。而證券投資基金就是，透過向社會公開發行基金單位籌集資金，並將資金用於證券投資。基金單位的持有者對基金享有財產所有權、收益分配權、剩餘財產處置權和其他相關權利，並承擔相應義務。

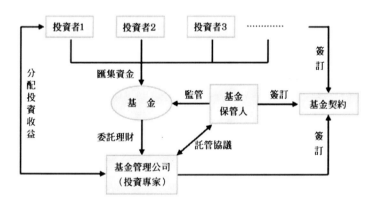

投資者與基金管理人、基金託管人的責任及權利義務關係明確。

（1）投資者的資金彙集成基金。

（2）該基金委託投資專家進行投資運作。

投資者、投資專家、基金託管人透過契約方式，確立投資者出資（並享有收益、承擔風險）、投資專家受託付責理財、基金託管人負責保管資金三者之間的信託關係。投資專家與基金託管人（主要是銀行）透過託管協議確立雙方的責任與權利。

（3）基金管理人（如投資專家）經過專業理財，將收益分予投資者。

基金管理人必須由專業的人來做，基金託管人必須由合格的商業銀行擔任。投資者享受證券投資基金的收益，也承擔虧損的風險。

# 3、基金公司內部的運作流程

基金公司所募集的幾十億甚至上百億的資金是怎麼運作的？大多數基金新手在買基金的時候並不十分關心這些。「我們只管買，怎麼操作是他們基金公司的事。」一位基金新手這麼說。

那麼，基金運作是不是單單只是基金公司的事呢？其實不然，基金公司的運作流程直接反映了基金的選股特點和收益特點，展現了一檔基金對待風險的態度和風險防範能力。這直接關係到基金新手的利益。

首先，基金公司設有一個投資決策委員會。這個投資決策委員會是基金運作的最高權力機構。它在基金運作時會制定整

# 第1章 基金新手必須掌握基金的買賣流程

體投資策略。同時，基金公司設置一個叫做「研究發展部」的部門，根據一些機構的研究成果，構建股票備選庫，對擬投資對象進行持續追蹤調研，並向基金經理提供個股、債券投資決策支援。

接著基金經理根據投資決策委員會的投資策略，在研究部門研究報告的支持下，結合對證券市場、上市公司、投資時機的分析，擬訂所管理基金的具體投資計畫，包括：資產配置、行業配置、重倉個股投資方案。

基金經理的運作空間還有多大呢？基金經理是一個基金的具體管理者，對基金投資行為負直接責任，他的權利的大小直接關係到基金的風險和收益狀況。比如某基金除了遵行公司投資理念，在投資決策委員會和公司主管領導的授權範圍內進行投資決策外，基金經理還會根據基金契約規定向研究發展部提出研究需求。對這些股票，研究人員將對其追蹤，對準備投資的個股，還須安排基金經理走訪上市公司，進行進一步的調研，對股票基本面進行深入了解分析。基金經理構建投資組合後，在其授權範圍內可自主決策，否則要上報部門負責人和投資決策委員會批准後，再向中央交易室交易員下達交易指令。

投資者彙集起來的幾十億上百億資金就這樣透過中央交易室流向股市或者債市。新基金一般有三個月的建倉期，基金建倉完畢，標誌著基金在一定時間內保持相對穩定的資產配置。

建倉完畢後，基金公司內部是不是就沒事了，是不是就等著看著股市、債市的上漲呢？不是的，沒那麼簡單，他們還有許多工作要做。金融工程研究人員將定期對基金進行績效評估，並向投資決策委員會、投資部負責人提交綜合評估意見和改進方案。中央交易室會將有關資訊回饋基金經理。

還有另外一個相對獨立的部門叫「風險控制委員會」。這是一個必不可少的部門。它的工作是對識別、防範、控制基金運作各個環節的風險全面負責，尤其重點關注基金投資組合的風險狀況，而金融工程小組重點控制基金投資組合的市場風險和流動性風險。一檔基金被關注不僅因為它的收益狀況，還因為它抗風險的能力，這些都將會在基金運作過程中顯現出來。

# 4、需要負擔哪些費用成本

和其他投資方式一樣，投資開放式基金也需要負擔一些費用，這些費用最終由基金投資人承擔，用來支付基金管理人、基金託管人、銷售機構和註冊登記機構等提供的服務。基金運作涉及到的與投資者相關的費用主要有以下兩類：

## (1) 基金投資人直接負擔的費用

該費用指投資人進行基金交易時一次性支付的費用。對於封閉式基金來說，是與買賣股票一樣，在價格之外支付一定比

例的佣金。而對於開放式基金來說主要是指認購費和申購費、贖回費。

認購費和申購費：

認購費，指投資者在基金發行募集期內購買基金單位時所繳納的手續費，認購費費率通常在百分之一左右，並隨認購金額的大小有相對的減讓。

**基金認購計算公式為：認購費用＝認購金額 × 認購費率。**

**淨認購金額＝認購金額 - 認購費用＋認購日到基金成立日的利息認購份額。**

申購費是向投資者收取的用於負擔基金銷售、市場推廣等用途的費用，也就是投資者購買已經運作一段時間並且放開申購贖回的「老基金」所需要承擔的費用，可在投資人購買基金單位時收取，即前收申購費，也可在投資人賣出基金單位時收取，即後收申購費。目前開放式股票基金的申購費率一般為申購金額的百分之一～百分之二，並且適用的費率一般隨申購金額的增加而降低，或者隨著持有時間的成長而降低。貨幣市場基金一般不收取申購費。

**基金申購計算公式為：申購費用＝申購金額 × 申購費率。**

**申購份額＝（申購金額 - 申購費用）÷ 申請日基金單位淨值。**

贖回費：指投資人賣出基金單位時支付的費用。贖回費與

後收申購費不同，後收申購費屬銷售佣金，贖回費則是針對贖回行為收取的費用。後收申購費收入由基金管理公司支配，而贖回費收入則歸基金所有。

**基金贖回計算公式為：贖回費＝贖回份額 × 贖回當日基金單位淨值 × 贖回費率。**

## (2) 基金營運費用

為了維持基金的運作，基金公司每年會從基金資產中扣除一定的基金運作費用，這部分費用不用投資者直接掏腰包承擔，而是從基金淨值裡扣除的。其中包括：

基金管理費：基金管理費是支付給基金管理人的報酬，其數額一般按照基金淨資產的一定比例（年率）逐日計算累積，從基金資產中提取，定期支付。基金管理費是基金管理人的主要收入來源，基金管理人自己的各項開支不能另外向基金或基金公司攤銷，更不能另外向投資人收取。每日計提的管理費＝計算日基金資產淨值 × 管理費率 ÷ 當年天數。

基金託管費：基金託管費是指基金託管人為基金提供託管服務而向基金或基金公司收取的費用。託管費通常按照基金資產淨值的一定比例提取，逐日計算累積，定期支付給託管人。每日計提的託管費＝計算日基金資產淨值 × 託管費率 ÷ 當年天數。

其他費用：主要包括證券交易費用、銷售服務費、資訊披

露費用、與基金相關的會計師費和律師費、持有費等,這些費用也作為基金的營運成本直接從基金資產中扣除。

　　營運費用是基金運作中的重要成本費用,不同類型投資策略的基金,在經營費用上的差別非常大,上述營運費用及收費方式等都應在基金的公開說明書中公布。

# 5、購買基金的三個管道

　　目前,很多人羨慕於股市及基金的火熱,但由於股市風險太大,許多人都把眼光瞄準了基金。可是,只聽人說基金如何如何好,卻不知道具體怎樣去購買,在這裡,我們簡單的介紹一下購買基金的幾個步驟:

## (一) 銀行櫃檯購買

　　(1) 持本人金融卡和身分證到櫃檯申請。

　　(2) 開立或登記基金帳戶:要買幾家基金公司的基金,就得相應開立幾個基金帳戶,一個基金公司一個(帳號要保存好,有的基金公司網路查詢業務不提供身分證號查詢,只有基金帳號查詢)。

　　(3) 填寫基金認購 / 申購業務單或定期定額業務單:首次認購 / 申購有最低限額,各公司規定不同,銀行可以查詢;定期定額業務既是約定每月固定日期(自選)從金融卡帳戶中自動匯款

到證券卡上一定金額（自選）去購買約定的基金，每月約定扣款額，各公司規定不同，但都比單次購買的限額要低許多。

（4）一至三個工作日後可以在電話銀行或櫃檯查詢交易確認情況，因為銀行只是代銷基金，代理你向基金公司提交委託，是否成交由基金公司確認，不出意外的話（電腦故障、非交易日、操作錯誤）都可成交。

（5）每次簽約交易後，銀行會給客戶一張底單，只為查詢方便，贖回時不需要攜帶。定期定額買時定額，贖回數額、時間隨便，一般是先進先出的原則，隨時也可解約（第二日確認）。

（6）別忘了去銀行選擇紅利再投資。（基金分紅方式有現金分紅和紅利再投資兩種方式。現金分紅是直接獲得現金紅利，不用支付贖回費；紅利再投資是將分紅所得現金再投資該基金，這樣做既可免掉再投資的申購費，還可以進一步享受該基金成長所帶來的持續收益。）此措施可與 4 同步進行，避免再次跑銀行。

## （二）網銀客戶購買

（1）網銀買基金同樣要辦證券卡，同時要在櫃檯簽約開通網路銀行。

（2）在自己電腦上免費下載網銀數位憑證，在登錄網路銀行後，務必選擇憑證登錄，在證券業務 —— 證券卡管理裡選擇證券卡簽約，輸入卡號、密碼確定，簽約後才能使用證券卡買基

金、國債、轉帳、購物等功能，但只能在交易時間查詢、買賣基金、國債，買基金時需先從金融卡往證券卡上轉帳（用多少，轉多少，沒用完的錢在證券卡上沒有利息），接著在證券卡開戶管理中選擇——增開證券帳戶，購買時可以在基金交易欄自己選擇。在使用結束後務必按右上角退出系統鍵退出。

（3）數位憑證如想保留備份或需要在其他電腦上使用，可用IE瀏覽器＞工具＞Internet選項＞內容＞憑證，選擇憑證匯出，即可將憑證存到硬碟或隨身碟上。推薦將私密金鑰一起匯出，這樣即使有人拿到憑證備份，沒有密碼也不能使用。如果你希望在另一台電腦上查詢或交易，按相同方法將憑證導入這台機器就行。如果不是個人專用電腦，建議在使用後將憑證刪除（留有備份前提下）。如果只想查一下金融卡餘額，選非憑證登錄就行。但只能查看帳戶餘額和外匯行情，不能使用證券卡轉帳和交易，也不能對帳戶進行管理操作。

（4）一至三個工作日後可以在網銀查詢交易確認情況，因為銀行只是代銷基金，代理你向基金公司提交委託，是否成交由基金公司確認，不出意外的話（電腦故障、非交易日、操作錯誤）都可成交。成交後務必要在基金設置欄選擇「自動再投資」。

## （三）公司網站購買

對於很多上班族來說，平時抽出專門的時間來買基金是比較困難的，所以透過網路交易是一個不錯的選擇，基金公司、

銀行和證券公司都分別開通了網路交易的通路，投資者只要事先辦理了網路交易的手續（比如銀行要開通網路銀行），以後就可以直接登錄開戶基金公司、銀行或證券公司買賣基金了，這種方式最大的優點是省時省力，而且還能獲得手續費的優惠。

(1) 開通網銀，並下載簽約憑證。

(2) 到想購買基金的基金公司網站上進行開戶：點擊其網站頁面上的網上開戶；有3欄：從來沒有買過該公司基金的，就點新客戶一欄；買過該公司基金的，點擊代銷銀行一欄；該公司基金直銷客戶，就點直銷一欄。

(3) 選擇金融卡。

(4) 填寫實名，卡號和卡支付密碼。

(5) 支付開戶費○○○元，點擊憑證支付或電了支付。

(6) 如果頁面上顯示成功，卡裡將扣去○○○元，點擊通知商戶開戶成功。

(7) 填寫個人資料和網路交易密碼。

(8) 到首頁點擊登錄，到自己的帳戶。

(9) 交易：點擊認購或申購……撤單、基金轉換內容等。

# 6、購買基金要分七步走

投資基金應遵循哪些程序和步驟呢？

# 第 1 章　基金新手必須掌握基金的買賣流程

**第一步，閱讀有關法律文件。**

投資人購買基金前，需要認真閱讀有關基金的公開說明書、基金契約及開戶程序、交易規則等檔，仔細了解有關基金的投資方向、投資策略、投資目標、基金管理人業績及開戶條件、具體交易規則等重要資訊，對準備購買基金的風險、收益水準有一個總體評估，並據此做出投資決定。按照規定，各基金銷售網站備有上述檔，以備投資人隨時查閱。

**第二步，開立基金帳戶。**

投資人買賣開放式基金首先要開立基金帳戶。按照規定，有關銷售文件中對基金帳戶的開立條件、具體程序須予以明確。上述檔將放置於基金銷售網站供投資人開立基金帳戶時查閱。

**第三步，購買基金。**

投資人在開放式基金募集期間、基金尚未成立時購買基金單位的過程稱為認購。通常認購價為基金單位面值加上一定的銷售費用。投資人認購基金應在基金銷售點填寫認購申請書，交付認購款項，在註冊登記機構辦理有關手續並確認認購。在基金成立之後，投資人透過銷售機構向基金管理公司申請購買基金單位的過程稱為申購。投資人申購基金時通常應填寫申購申請書，交付申購款項。款額一經交付，申購申請即為有效。

具體申購程序會在有關基金銷售文件中詳細說明。申購基金單位的數量是以申購日的基金單位資產淨值為基礎計算的。具體計算方法須符合監管部門有關規定的要求，並在基金銷售文件中寫明。

### 第四步，賣出基金。

與購買基金相反，投資人賣出基金是把手中持有的基金單位按一定價格賣給基金管理人並收回現金，這一過程稱為贖回。其贖回金額是以當日的單位基金資產淨值為基礎計算的。投資人贖回基金通常應在基金銷售點填寫贖回申請書。按照有關規定，基金管理人應當於收到基金投資人贖回申請之日起三個工作日內，對該交易的有效性進行確認，並應當自接受基金投資人有效贖回申請之日起七個工作日內，支付贖回款項。此外，對於開放式基金來說，投資人除了可以買賣基金單位外，還可以申請基金轉換、非交易過戶、紅利再投資。

### 第五步，申請基金轉換。

基金轉換，是指當一家基金管理公司同時管理多支開放式基金時，基金投資人可以將持有的一檔基金轉換為另一檔基金。即，投資人賣出一檔基金的同時，買入該基金管理公司管理的另一檔基金。基金轉換費用通常非常低，甚至不收。

**第六步，非交易過戶。**

基金的非交易過戶是指在繼承、贈與、破產支付等非交易原因情況下發生的基金單位所有權轉移的行為。非交易過戶也須到基金的銷售機構辦理。

**第七步，紅利再投資。**

紅利再投資是指基金進行現金分紅時，基金持有人將分紅所得的現金直接用於購買該基金，將分紅轉為持有基金單位。對基金管理人來說，紅利再投資沒有發生現金流出，因此，紅利再投資通常是不收申購費用的。

# 7、投資基金也有風險嗎

任何投資都是與風險相關聯的，越高的收益預期也意味著越高的投資風險。基金是投資於證券市場的產品，證券市場的波動勢必影響到基金的收益，證券市場的投資風險也同樣會在基金投資中展現。因此，投資基金不能保證投資者一定獲得盈利，也不保證最低收益，投資者常會面臨以下幾類風險：

### (1) 本金風險

對於投資者而言，本金損失是最大的風險，投資者應認真閱讀基金招募說明，考察基金的歷史業績，從基金的投資方向和實證業績中預測本金承擔風險的機率。

### (2) 利率風險

對於購買債券型基金和貨幣市場基金等固定收益類基金的投資者而言，利率是影響收益的重要因素。利率變化意味著債券價格的變化，利率上升則債券價格下降，基金淨值可能下跌；相反，如果利率下降，債券基金淨值有望上升。

### (3) 市場風險

一次市場崩潰就可能會使投資者的資產大幅縮水，所以市場風險是投資者最為擔心也最難以把握的因素。短期風險難以預測，因此投資者需要有一定的市場風險承受能力。

### (4) 管理風險

指基金運作各當事人的管理水準給投資人帶來的風險，例如基金管理人的管理能力決定基金的收益狀況、註冊登記機構的運作水準直接影響基金申購贖回的效率等。

### (5) 操作或技術風險

指基金管理人、基金託管人、註冊登記機構或代銷機構等當事人的業務操作或技術系統出現問題時，給投資者帶來損失的風險。

### (6) 通貨膨脹風險

迴避通膨風險乃投資之根本。投資的根本意義就是延遲消費，而通膨對於投資就像腐爛對於儲存，是必須迴避的因素。一般投資者需要的投資收益率至少要高於通貨膨脹率，這樣才

算是迴避了風險。

### （7）目標風險

如果投資收益沒有達到預期的水準，也會產生風險。投資者經常因為擔心在證券市場上遭受投資損失而採取保守的投資策略，同時又擔心沒有足夠的資金來維持日後的生活需求。所以，投資者要根據自己的實際狀況選擇激進還是保守的投資策略。

### （8）時機風險

歷史資料表明，在目前市場狀況下，投資期在三年以上的投資者都能夠獲得盈利，但如果投資期較短，那麼所冒的風險相對要大得多。如果投資期在六個月以內，盈虧的概率各為百分之五十。

### （9）流動性風險

此類風險通常發生於發展中國家的不成熟資本市場中，一旦基金面臨巨額贖回，則基金管理者將被迫出售投資組合中的股票，從而造成市場單方面下跌。比如在封閉式基金轉為開放式基金的過程中，由於節奏把握不當，造成封閉式基金遭到連續巨額贖回，促使股票市場直線下跌，基金淨值損失慘重。即使在成熟、理性的市場，也可能會發生流動性風險，在市場出現普遍下跌的過程中，很多投資者由於喪失投資信心而贖回基金，也可能導致淨值下跌。

### （10）不動產增值風險

證券投資的根本意義就是透過犧牲當前消費機會而獲得未來的更大的消費機會。但如果消費品的增值幅度高於證券的投資幅度，就帶來了投資的實際損失。這種情況通常發生在房產等不動產市場，從生產角度來看，雖然房產本身並不產生價值，但它的價格可能會在短期有極大的上漲，以其為參照進行證券投資，也會產生實際收益為負的風險。

對於境內的基金投資者來說，目前首當其衝的應屬市場風險。迴避市場風險的主要辦法是隨時調整投資組合和定期定額投資基金，前者屬於主動型風險防範，而後者屬於被動型風險防範。由於在現階段境內基金只能單一的投資於境內股市和債市，如果因為政治、經濟或資金流向等總體因素，一旦股市和債市都出現整體下跌，那麼即使是分散投資和定期定額投資也無法避免這種系統風險損失。投資者應密切留意市場動向，學會擇時入市，並在市場不利時出貨停損。

# 8、如何預測資金投資風險

風險與投資是共生的，世界上沒有不存在風險的投資，和所有的投資行為都有風險一樣，基金的投資也有一定的風險，誰都無法保證證券投資基金一定會有收益，以及一定會達到何種收益率。所以，投資基金也需要進行風險預測。

# 第1章　基金新手必須掌握基金的買賣流程

　　按照風險所及的範圍不同，可以將證券風險劃分為系統風險和非系統風險。系統風險是證券資產中所固有的，靠外界力量也難以消除和避免的風險。如戰爭、自然災害、經濟衰退等都是系統風險的來源，系統風險往往使整個一類或一組證券產生價格波動。系統風險屬於難以預測並且難以迴避的風險。

　　非系統風險源於某些獨特事件的發生，如罷工、新產品開發失敗、沒有爭取到合約、訴訟失敗等。這一獨特事件只與某一具體的股票、債券相關聯，與整個證券市場無關，所以非系統風險是可分散、可迴避的。投資者一般可以透過市場行情分析、基金組合等手段避免或消除非系統風險。

　　雖然基金投資風險的來源很多，但它的表現主要集中在收益波動和與系統波動的相關性方面。基金投資風險的預測方法主要是預期收益標準差法和序係數法，這是兩個非常專業的金融概念，這裡只作簡單的介紹。

　　投資風險的預測方法都有一個重要的假設，即基金的風險性具有一定的規律性、連續性，會按照一定的發展趨勢發展，可以根據以前的風險預測以後的風險程度。否則，基金的風險預測無從談起。

　　基金投資風險就是投資收益預期的不確定性，對於這種不確定性，金融計量中常常用統計學中的方差或標準差來度量。標準差法的物理意義就是基金淨值的波動範圍，標準差越大，

說明投資收益的分散性越大，投資風險越大；反之，投資收益的分散性越小，投資風險越小。投資者可以從一些專業網站上查到基金的標準差，或者透過 EXCEL 等軟體自己計算標準差。

收益標準差作為風險的測度值的局限性在於：當實際收益率水準高於預期水準時，投資者並沒有風險，僅僅在它低於預期水準時，才構成真正的目標風險或本金風險，所以標準差預測法往往要和其他方法並用。

β 係數法的思路是撇開非系統因素的影響，而僅僅考慮系統性因素對證券收益的影響。這是由於對於基金而言，其長期非系統風險近似為 0，只需計算系統風險即可。衡量系統風險的標準便是係數。β 係數是反映基金收益受證券系統風險影響程度的一個參量，其計算公式為：

**β＝（某基金預期收益 - 該基金收益中的無風險部分）／（整個市場上證券總的預期收益 - 該基金收益中的無風險部分）**

注：一般所謂收益中的無風險部分取國債收益率或銀行存款利率。

由於 β 一定是大於等於 0 的，說明任何一種基金都存在著一定的風險。對於整個證券市場來說，β 係數顯然等於 1。若 β>1，說明該基金風險程度大於整個市場上的證券風險程度，並且值越大，這種基金與其他證券組合相比，風險程度就越高，投資者要謹慎行事。若 0<β<1，說明該基金的風險程度小於整

個市場上證券的風險程度，並且值越小，這種基金與其他證券組合相比，風險程度越小。當 β=0 時，說明該基金的預期收益等於該基金收益中的無風險部分，或者說，該基金根本不存在任何風險（當然不排除非系統風險），這在理論上是一種極好的投資機會。

如果也考慮短期非系統因素對該基金收益的影響，即使系統性風險很小，β 接近於 0，但由於非系統風險可能很大，那麼投資者在投資該基金以前，就不能再僅僅按係數進行決策，必須得考慮其他非系統因素的影響。所以，β 係數常與標準差法結合使用，β 係數反映基金的系統風險，標準差反映基金雙向的全部風險。

# 9、基金收益的主要來源是什麼

基金收益的主要來源有利息收入、股利收入、資本利得等。

**（1）基金的利息收入**

基金的利息收入主要來自於銀行存款和基金所投資的債券。

**（2）基金的股利收入**

基金的股利收入是指開放式基金透過在一級市場或次級市場購入並持有各公司發行的股票，而從上市公司取得的一種收益。股利一般有兩種形式，即現金股利與股票股利。現金股利是以現金的形式發放的，股票股利是按一定比例送給股東股票

作為紅利。

**（3）基金的資本利得收入（也就是基金淨值差額）**

任何證券的價格都會受證券供需關係的影響，如果基金能夠在資本供應充裕、價格較低時購入證券，而在證券需求旺盛、價格上漲時賣出證券，所獲價差稱為基金的資本利得收入。資本利得在基金收益中往往占有很大比重，要取得較高的資本利得收入，就需要基金管理人具有豐富、全面的證券知識，能對股票價格的走向作出大致準確的判斷。一般來說，基金管理人具有較強的專業知識，能掌握更全面的資訊，因而比個人投資者更有可能取得較多的資本利得收入。

# 10、基金的名稱不是亂取的

對於剛剛接觸基金的基金新手，往往一看到各種基金宣傳單，就變得暈頭轉向了。現在的基金名字越來越好聽，但也越來越讓人摸不清那些基金到底是什麼。較早的創新基金、穩健成長等基金還可以顧名思義的猜想基金的投資方式，而後來的策略成長、價值成長、積極成長、穩定成長等雷同的名字則很難讓投資者明白這些基金到底有何不同。不清楚基金的類型，就很難做出投資選擇，更難以構建合適的投資組合。所以，投資基金首先要從分清這奇奇怪怪的基金名稱開始。

基金的名稱從來不是亂取的，從中可以了解到基金的組織

# 第1章　基金新手必須掌握基金的買賣流程

型態、投資標的、投資風格等重要資訊。

　　我們現在接觸到的基金主要指的是證券投資基金，就是把很多投資者的錢一起交給基金公司的專家去投資股票、債券等證券品種，並且給基金購買者謀利的一種投資工具。基金發展到今天，品種不斷增加，名目亦趨繁多，分類方式也逐步多樣。但不管怎樣變化，基本上都可以從以下三個方面進行分類：

## （一）根據投資標的分類

　　根據投資標的可以劃分為貨幣市場基金、債券型基金、股債混合型基金和股票型基金等不同類型。

### （1）貨幣市場基金

　　貨幣市場基金主要投資貨幣市場上的短期有價證券，比如商業票據、銀行定期存款單、政府短期債券、企業債券等等。一般都被當作現金管理的工具，目前有貨幣市場基金，平均年收益率在百分之二左右。一般說來，這種基金的收益率要比銀行等機構的各種現金投資工具的獲利水準高，因為它增強資金流動性的中間環節少；同時，它的風險程度也較低，因為投資於短期金融工具既可以生息又能及時變現。目前市場上的貨幣市場基金均在基金名稱中明顯標明了其基金屬性，如招商貨幣市場基金、諾安貨幣市場基金等。

### （2）債券型基金

　　債券型基金是以債券為投資對象的基金。按照規定：基金

資產百分之八十以上投資於債券的，才能稱為債券型基金。一般將債券型基金分為普通債券基金和中短期債券基金，前者的收益水準和利率風險均大於後者。少數債券型基金的投資品種為可轉債，此類債券基金的風險最大。由於債券型基金在市場中的比例不大，所以其命名均明確標明其屬性。

### (3) 股債混合型基金

股債混合型基金是指綜合投資股票、債券和貨幣等各類資產的基金，它可以進一步劃分為混合收入基金、混合平衡型基金、混合成長基金等類型。一般來說，混合型基金具有資產配置靈活，根據市場的變化調整股票、債券和貨幣資產配置比例的特點。混合型基金的名稱一般為某某公司某某投資風格混合投資基金，如益民紅利成長混合型證券投資基金，「益民」是基金公司名稱，「紅利成長」是投資風格。

### (4) 股票型基金

股票型基金就是主要投資股票的基金。按照規定：一檔基金至少要用百分之六十以上的資金投資於股票，才能稱為股票型基金。由於這類基金總是高風險和高收益相伴相隨，所以適合風險承受能力較強的投資人。目前股票型基金是基金大家族裡數量最多的。而對證券市場的國際化具有積極的推動作用。從海外股票市場的現狀來看，股票型基金的投資對象有很大一部分是外國公司股票。

# 第1章 基金新手必須掌握基金的買賣流程

## （二）根據組織形態分類

根據基金單位是否可增加或贖回，投資基金可分為開放式基金和封閉式基金。封閉式基金是指基金的發起人在設立基金時，事先確定發行總額，籌集到這個總額的百分之八十以上時，基金即宣告成立，並進行封閉，在封閉期內不再接受新的投資。在封閉的期限內不允許投資者向基金公司回收投資，但是基金可以在市場上流通，投資者可以透過市場交易套現。封閉式基金的總份額是在發行的時候就已經確定好的，除非發生擴募等特殊情況，基金總數一般保持不變。封閉式基金在證券交易所上市，投資者只能透過證券市場（也就是通常所說的次級市場）按市場價格轉讓，而不可以向基金管理公司贖回。

開放式基金則恰恰相反，它的發售總額沒有固定限制，由於開放式基金一般不在證券交易所上市，所以投資者必須在規定的營業場所（銀行、證券公司、基金公司）申購或者贖回基金份額，基金的規模也隨投資者的買賣而變化。各種證券投資基金均可以歸入這兩種類型。

封閉式基金和開放式基金一般都嚴格遵守以上的命名規定，即使是同一檔基金，一旦由封閉式轉化為開放式，其名稱也會發生變化，比如基金興業，從名稱中可以看出這是一支封閉基金，當它轉變為開放式基金後，其名字也要按照開放式基金的習慣改為華〇平穩成長。

## (三) 根據投資風格分類

基金的投資風格相對比較複雜。

第一，根據對股票和債券的投資風格不同，可以分為主動投資基金和被動投資基金。

所謂主動投資基金就是基金的投資方向由基金投資團隊決定；而被動投資基金又叫指數基金，因它追蹤某個市場指數進行投資，投資團隊的操作空間很小。基金品種中主動基金占絕大多數，只有少數股票指數基金，尚未出現債券指數基金。指數基金的命名相對來說比較清楚，因為基金名稱中往往包含「指數基金」這四個字和基金追蹤的指數名稱。

第二，主動投資基金根據股票的投資風格又可以分為收入基金、價值型基金、價值成長平衡型基金、積極成長基金。

### (1) 收入基金

收入基金主要是將資金投資於各種可以帶來收入的有價證券，以獲取最大的當期收入。這種基金雖然成長的潛力小，但其損失本金的風險也低，因而比較受保守的投資者以及退休人員的歡迎。

收入基金主要分為兩種，即固定收入基金和股票收入基金。固定收入基金的主要投資對象是債券和優先股股票，因而儘管收益率較高，長期成長的潛力卻比較小，而且，當市場利率發生波動時，基金淨值還容易受到影響。股票收入基金的成

長潛力較固定收入基金大，但易受股市波動的影響。結合兩者的特點，就形成混合收入基金。由於市場利率較低，上市公司分紅比例較小，所以收入基金的品種並不多，它們一般被命名為某某紅利基金等。

### (2) 價值型基金

價值型基金以追求價格被低估、本益比較低的個股為主要策略，希望能夠發現那些暫時被市場所忽視，價格低於價值的個股。價值基金數量並不太多，有代表性的是工銀瑞信核心價值股票型證券投資基金和銀華核心價值優選股票型證券投資基金。

### (3) 價值成長平衡型基金

價值成長平衡型基金以兼顧長期資本和穩定收益為目標，通常有一定比重資金投資於固定收益的工具，如債券、可轉換公司債等，以獲取穩定的利息收益，控管風險；其他的部分則投資股票，以追求資本利得。其風險、報酬適中，適合穩健、保守的投資者。價值成長平衡型基金的投資策略要比成長基金保守，它往往將資金投資於股價波動較小的股票。因此，資金不多的小額投資者最樂意選擇這種基金。

### (4) 積極成長基金

積極成長基金既可以是重視資金的長期成長，而把資產投向信譽好而且長期有盈餘的公司或者是有長期成長前景的公

司的長期積極成長基金，也可以是為追求資本的最大增值而把基金的資產投資於具有高成長潛力的股票或其他證券的高成長基金。這類基金通常投資於價格波動性大的個股，擇股的指標常常是每股收益成長，銷售成長等。它最具冒險進取特性，風險、報酬最高，適合冒險型投資人。由於經濟發展比較迅速，企業的成長機會比較大，所以積極成長基金在基金市場中占據相當重要的地位。

一般在分析開放式基金屬性時，常將主動投資基金的投資標的和投資風格相結合，這就組成了常見的基金分類組合，但這種劃分並沒有特別嚴格的標準。

除上述類型基金以外，市場上還有一種比較特殊的基金類型 —— 保本型基金，它以保障投資本金為目標，結合低風險的收益型金融工具和較具風險的股票。其運作方式是將部分資金投資於國債等風險較低的工具，部分資金投資於股票，而投資股票部分的份額可能會根據基金淨值決定，淨值越高，可投資於股票的部分就越高。有些保本型基金基本都有協力廠商擔保。有些由於可以投資衍生工具，保本基金的風險較高的投資部分也可以透過把債券部分產生的利息投資在衍生工具上，放大槓桿操作來追求收益。不過保本基金並非在任何時間贖回都可保本，在保本期到期之前贖回，也可能面臨本金損失的風險。

# 第1章　基金新手必須掌握基金的買賣流程

# 第 2 章
## 基金新手必須掌握買基金的方法

## 第 2 章　基金新手必須掌握買基金的方法

# 1、怎樣讀懂基金公開說明書

　　買東西應當買得明明白白，買基金也是如此。在購買基金之前，一項非常必要的功課就是閱讀基金公開說明書。理由很簡單，基金公開說明書是基金最重要、最基本的資訊披露檔，有助於投資者充分了解將要買入的基金。

　　公開說明書既是基金公司重要的產品宣傳檔，也是投資者了解新基金的重要工具。不過，它不是我們在銀行櫃檯上常見的基金「三折頁」，而是一份相對專業和標準的基金說明書，有著標準的格式。公開說明書一般可以分為三部分，首先要標明基金名稱、基金管理人（即基金公司）的介紹和基金託管銀行介紹，以及相關銷售機構聯繫方式等內容，投資者可以從中了解基金公司的實力和銷售服務能力。第二部分相對重要一些，即基金名稱、基金類型和基金的認購（申購）方式以及認購費率，以及基金的管理、託管費用，這主要關係到投資者的投資成本，不可不察。但一般而言，這些成本不輕易打折，留給投資者操作的餘地不大。第三部分是最為重要的基金投資方向、投資策略、資產配置和業績比較標準。

　　不過，基金公開說明書一般都許多文字，究竟該怎樣閱讀才好呢？下面就教你五招看基金公開說明書的方法：

　　一看基金管理人。要細看說明書中對基金管理公司和公司高管的情況介紹，以及擬任基金經理的專業背景和從業經驗的

介紹。優質專業的基金管理公司和投資研究團隊是基金投資得以良好運作的保障。

二看過往業績。以往業績可以基本上反映出基金業績的持續性和穩定性。開放式基金每六個月會更新公開說明書，其中投資業績部分值得投資者好好分析比較一下。

三看風險。這其實是對投資者來說最為關鍵的部分之一。公開說明書中會詳細說明基金投資的潛在風險，一般會從市場風險、信用風險、流動性風險、管理風險等方面來作說明。只有明瞭風險，投資才能更加理性。

四看投資策略。投資策略是基金實現投資目標的具體計畫，描述基金將如何選擇以及在股票、債券和其他金融工具與產品之間進行配置。目前大多數基金均對投資組合中各類資產的配置比例作出了明確限定，這和基金投資風險是直接相關的。

五看費用。基金涉及的費用主要有認購／申購費、贖回費、管理費和託管費等。這些在公開說明書中都會詳細列明，投資者可據此比較各檔基金的費率水準。

### 實例解析

我們以某年幾檔基金為例，介紹一下具體的分析過程。當時市場明顯處於單邊下跌的過程中，這幾檔基金均屬於逆市發行，所以，必須明確了解公開說明書中描述的基金特性。

投資者馬先生先後考察了市場上發行的一些基金，考察結

# 第 2 章　基金新手必須掌握買基金的方法

果如下：

　　A 基金，公開說明書中寫明投資方式為被動投資，追蹤某大盤股票指數，根據以上分析，此基金為股票型指數投資基金，不適合中短期投資，更加不適於熊市投資，所以不予考慮。

　　B 基金名為○○動態精選，從名字就可以看出是主動投資基金，而且偏向成長型的股票基金，公開說明書寫明為「本基金採用自上而下的投資策略，即首先根據政策、經濟形勢以及各產業的生命週期，編製行業景氣度指標體系，對各主要行業投資價值進行優先排序，確定各行業的投資比重」，投資股票為五十支精選股票，而實際這些股票大多是藍籌股，根據已知條件，此基金為大中盤成長型主動投資股票基金，自上而下選股，兩點都不適合當時的熊市市場，也不應考慮。

　　C 基金的情況與上兩個不同，公開說明書中明確表明「致力於研究全球經濟和行業發展的趨勢，緊隨經濟獨特的發展節奏，挖掘潛力主題，努力為投資者實現基金資產中、長期資本增值的目標，追求穩定的、優於業績基準的回報。」這種概念基本屬於成長型理念，投資策略則是混合的，「採取自上而下與自下而上相結合的主動投資管理策略，將定性與定量分析貫穿於主題精選、公司價值評估、投資組合構建以及組合風險管理的全過程之中。」此基金的投資策略相對比較靈活，但致力於追蹤經濟發展的成長股票基金在當時熊市條件下較難獲得正收益，

綜合評價認為此基金長期表現會不錯，但短期實在不宜介入。

D 基金為○○價值基金，公開說明書中表明此基金為「價值型基金，主要投資於內在價值被低估的上市公司的股票」，與 C 基金類似，「在大類資產配置和行業配置層面，遵循自上而下的積極策略，個股選擇層面，遵循自下而上的積極策略」，總體而言，價值型基金在下跌市場中的風險不會很大，且引起反彈的往往是一些價值型股票，所以，總體值得試探性投資。

最終馬先生選擇了購買 D 基金，一年之後，D 基金收益約百分之八，而 C 基金近乎沒有收益，B 基金一年來淨值基本在一元以下，最慘的是 A 基金，淨值下跌超過百分之十。

嚴格的講，目前基金公開說明書格式上還有很多不完善之處，基金公司往往會在宣傳檔中使用過於專業的詞彙，誤導投資人。但對於新基金而言，除了公開說明書之外，也很難有確實有價值的宣傳材料能夠讓投資者了解正在銷售基金的特性，如果能夠抓住公開說明書中的要點，避開那些難懂的詞彙，投資者還是可以努力尋找到基金在交易、投資中的很多本質的東西。將這些內容與市場情況相對比，就不難預測出中短期內基金淨值的可能變動情況，從而為自己的投資行為提供參考。

# 2、選基金的四個步驟

隨著基金投資的迅速發展，基金數目和品種日益豐富。對

## 第 2 章　基金新手必須掌握買基金的方法

廣大投資者而言，如何認識和分析基金越來越重要。所以，投資者在挑選符合自己投資目標或投資風格的基金時，不妨分以下四個步驟進行：

**(1) 分析自己的生活狀況。**

包括幾個方面：家庭狀況、家屬的個性、收入水準、個人經濟負擔、對未來收入的預期以及人生觀等。

**(2) 清楚自己的投資目標。**

個人投資者的投資目標很多，比如教育、養老、購屋等，這些目標所能夠承受的風險是不同的，養老是低風險承擔水準，教育是中等風險承擔水準，而購屋一般屬於高風險承擔水準，即使收益率要求相同，也需要投資不同類型的基金才能夠實現正確的投資。

**(3) 檢查自己對風險的承受能力。**

不切實際的談論自己有多麼勇敢的人最終很可能得到個飢寒交迫的下場。投資者在購買基金之前最好不要忘記會有虧老本的風險，所以問問自己能夠承擔多大額度的虧損、能夠承受虧損的時間有多久是十分必要的。投資有風險，有些基金的風險相對較高。而且投資報酬率越高的基金往往風險也越高，出現虧損的可能性也越大。因此，考慮基金的回報率，必須同時考慮自己的風險承受能力。

### (4) 測定自己屬於哪種類型的投資者

一個人面對風險所表現出來的態度，大致可以分為四種：積極型、中庸型、保守型和極端保守型。

可以根據以下幾個問題來大致確定投資者屬於哪種類型：

a、投資者是否喜歡帶有明顯賭博性質的活動

b、投資者是否能排除過多的憂慮

c、投資者是否寧願將錢投資其他方式而不願存入銀行

d、投資者對自己的投資選擇具有信心

e、投資者是否寧願管理自己的投資

如果答案全是肯定的，投資者可能屬於激進型；如果答案全部否定或只有一個肯定，屬於極端保守型；如果答案有兩個到四個肯定，投資者屬於中庸型或保守型。基金是一種長線的投資，不像股票一樣今天買明天賣，也不像銀行一樣可以隨時取用，選擇基金作為投資工具，意味著投資者全部個人資產中有一部分在較長的時期內不準備動用。作為一個理性的投資者，要客觀的考察自己，以在投資中作出明智的選擇。

# 3、選擇適合自己的基金

不論是哪種投資工具，決定投資時相當重要的一點是所選擇的這個投資工具要適合自己，投資基金也是一樣。在選擇適合自己的基金時，有以下幾個原則可以遵循：

# 第 2 章　基金新手必須掌握買基金的方法

（1）**根據風險和收益來選擇基金品種**。從風險的角度看，不同基金給投資者帶來的風險是不同的，其中，股票基金風險最高，貨幣市場基金和保本基金風險最小，債券基金的風險居中。

相同品種的基金，由於投資風格和策略的不同，風險也會不同。比如在股票基金中，平衡型、穩健型、指數型，比成長型、增強型的風險要低。同時，收益和風險通常是相關聯的，風險大收益高，風險小收益少。要想獲得高收益往往要承擔高風險。所以，投資者在期望獲取高收益時千萬不要忘了首先權衡自己的風險承受能力。

對於風險承受度低、投資在收入中所占比重較大的投資者來說，貨幣市場基金是一個不錯的選擇。這類基金可以作為儲蓄的替代品種供自己選擇。

對於風險承受能力稍強的投資者，可以選擇債券基金等。

對於承受風險能力有所增強，且希望有更好收益的投資者來說，選擇指數增強型基金比較合適等。

對於風險承受能力較強的投資者來說，選擇偏股型基金更好。

（2）**根據投資者年齡來選擇**。一般來說，年輕人事業處於起步階段，經濟能力尚可，家庭或子女的負擔較輕，收入大於支出，風險承受能力較高，股票型基金或者股票投資比重較高的平衡型基金都是不錯的選擇。中年人家庭生活和收入比較穩

定，已經成為開放式基金的投資主力軍，但由於中年人家庭責任比較重，風險承受能力處於中等，投資時應該在考慮投資回報率的同時堅持穩健的原則。可以結合自己的偏好和經濟基礎進行選擇，最好把風險分散化，嘗試多種基金組合。

老年階段一般沒有額外的收入來源，主要依靠養老金及前期投資收益生活，風險承受能力比較小，這一階段的投資以穩健、安全、保值為目的，通常比較適合平衡型基金或債券型基金這些安全性較高的產品。

(3) **根據投資期限確定基金的品種**。時間的長短在投資過程中是最需要考慮的重要因素，因為它直接決定了投資者的投資行為。投資者要了解自己手中閒置資金可以運用的期限。

投資期限為五年以上的長期投資，可以投資與股票型基金這類風險係數比較大的產品。這樣既可以抵禦一些投資價值短期波動的風險，又可獲得長期增值的機會，預期收益率會比較高。

保本基金也是在一定的投資期內（如三年或五年）為投資者提供一定比例的本金回報保證，不到期限就不能保本，因此，也適合長期投資。舉個例子，張先生今年三十五歲，他想為自己六十五歲退休以後的生活保障進行投資。這樣，他就有三十年的投資時間去運作，以達到自己的投資目標。時間的長短在投資進程中是非常重要的，因為它直接決定了投資者的投資行

為。投資者要了解白己的手中閒置資金可以運用的期限。

　　投資期限二至五年的中期投資，除了股票類基金這類風險高的基金產品，還要加入一些收益比較穩定的債權型或平衡型基金，以獲得比較穩定的現金流入。但是，由於買進賣出環節都要繳納手續費，一定要事先算好收益成本。

　　投資期限在兩年以下的短期投資，投資的重點就應該放在債券型基金、貨幣市場基金這類低風險、收益穩定的基金產品上。特別是貨幣基金流動性幾乎等同於活期存款，又因其不收取申購、贖回費用，投資者在用款的時候可以隨時贖回變現，在有閒置資金的時候又可以隨時申購，堪稱短期投資者的首選。

# 4、如何購買您的第一檔基金

　　如何購買您的第一檔基金？這是初次投資基金的新人需要仔細了解的。首先可以透過基金公司網站和證券類報紙獲取相關基金的公開說明書，也可以直接撥打基金公司客戶服務電話進行諮詢。下面以開放式基金為例進行說明：

### （1）選擇並確定買哪檔基金

　　先選擇好投資某檔基金，然後到代銷該基金的銀行分行、證券公司營業部或者基金管理公司的直銷中請開戶、填寫申請表。具體申購程序在公開說明書中會有詳細的說明。需要決定的是投資金額，而不是購買多少份額的基金單位。

中購開放式基金採用未知價法，即基金單位交易價格取決於申購當日的單位基金資產淨值（當日收市後才可計算並於下一交易日公告）。

其中，

**申購份額 =（申購金額 - 申購費用）÷ 申購日基金單位淨值**

**申購費用 = 申購金額 × 申購費率**

**(2) 填寫申請表時的注意事項**

在填寫申請表時，還有一系列的選項需要確定，有幾項很關鍵。例如：是選擇現金分紅還是紅利再投資。倘若選擇紅利再投資，則基金每一次分紅後，你擁有的基金份額將增加。值得注意的是，關於基金總回報的計算資料，往往是以投資人都選擇紅利再投資為假設前提的。

**(3) 保存好憑證**

無論採取哪種方式，都要保存好申購的確認憑證。一般，填寫申購申請表和交付申購款項後，申購申請即為有效。你可以在申購當日（T 日）致電基金管理公司客戶服務中心確認申請是否被受理，但是交易結果要等到 T+2 日才能確認。投資人要記得領取確認憑證並完整的保存。多數基金管理公司每個季度或每個月都會向投資人寄送對帳單。另需關注的事項是基金對首次申購的最低金額要求。目前，不同基金對於每個帳戶首次申購的最低金額要求不等，而同一檔基金代銷分行和直銷分行

對每個帳戶的最低金額要求也不等。

# 5、買基金有技巧

　　炒基金與投資股票有所不同，基金操盤手不能像炒股票那樣天天關心基金的淨值是多少，最忌諱以「追漲殺跌」的短線炒作方式頻繁買進賣出，而應採取長期投資的策略（貨幣市場基金另外）。下面這些經驗可供基金新手參考：

　　（1）**應該透過認真分析證券市場波動、經濟週期的發展和國家總體政策，從中尋找買賣基金的時機。** 一般應在股市或經濟處於波動週期的底部時買進，而在高峰時賣出。在經濟增速下調落底時，可適當提高債券基金的投資比重，及時購買新基金。若經濟增速開始上調，則應加重偏股型基金比重，以及關注以面市的老基金。這是因為老基金已完成建倉，建倉成本也會較低。

　　（2）**選擇優秀的基金公司。** 比如：有誠信和保障客戶利益的基金公司所管理的基金，長期收益比較有保障，風險也較低。

　　（3）**對購買基金的方式也應該有所選擇。** 開放式基金可以在發行期內認購，也可以在發行後申購，只是申購的費用略高於發行認購時的費用。申購形式有多種，除了一次性申購之外，還有另外三種形式供選擇。一是可以採用「金字塔申購法」。投資者如果認為時機成熟，打算買某一基金，可以先用二分之一

的資金中購，如果買入後該基金不漲反跌，則不宜追加投資，而是等該基金淨值出現上升時，再在某價位買進三分之一的基金，如此在上漲中不斷追加買入，直到某一價位「建倉」完畢。這就像一個「金字塔」，低價時買的多，高價時買的少，綜合購買成本較低，盈利能力自然也就較強。二是可採用「成本平均法」，即每隔相同的一段時間，以固定的資金投資於某一相同的基金。這樣可以積少成多，讓小錢累積成一筆不小的財富。這種投資方式操作起來也不複雜，只需要與銷售基金的銀行簽訂一份「定期定額扣款委託書」，約定每月的申購金額，銀行就會定期自動扣款買基金。三是可以採取「價值平均法」，即在市價過低的時候，增加投資的數量；反之，在價格較高時，則減少投資，甚至可以出售一部分基金。

（4）**了解所投資基金的特徵**。包括基金的投資方向、投資股票和債券的比例、各項費率等等，並根據自己的風險偏好進行選擇。

（5）**盡量選擇傘形基金**。傘形基金也稱系列基金，即一家基金管理公司旗下有若干個不同類型的子基金。對於投資者而言，投資傘形基金主要有以下優勢：一是收取的管理費用較低。二是投資者可在傘形基金下各個子基金間方便轉換。

（6）**合理配置**。不同的基金由於投資目標和方向不同，風險、收益水準也不一樣。投資者可以透過投資於不同的基金，

構建適合自己的基金組合。

（7）**盡量選擇後端收費方式**。基金管理公司在發行和贖回基金時均要向投資者收取一定的費用，其收費模式主要有前端收費和後端收費兩種。前端收費是在購買時收取費用，後端收費則是贖回時再支付費用。在後端收費模式下，持有基金的年限越長，收費率就越低，一般是按每年百分之二十的速度遞減，直至為零。所以，當你準備長期持有該基金時，選擇後端收費方式有利於降低投資成本。

（8）**定期檢視**。雖然基金是中長期投資品種，但投資者還是要結合自己的財務狀況、風險承受能力，定期檢視自己所投資基金的表現，並在專業投資顧問的指導下，適當進行基金的轉換。

# 6、買基金不能只看排行

目前，不少投資人選擇基金時會依賴排行榜，認為排名越高的基金就越值得投資。事實上這樣的基金挑選方法有一定的片面性：

首先，每個基金都有自己風險收益特徵，排名靠前基金所獲得高收益可能對應的是高風險，也就是其回報不確定性會特別高，對於風險規避型的投資者而言，收益最高的基金未必是最適合他的基金。

其次，當一個基金擠進排行榜前列時，其所投資的股票債券可能早已漲了一大段，在這個時點進去，自己不但不能享受到這些資產增值的收益，淨值損失的可能反而比較大。

最後，由於目前基金排行榜分類比較粗略，而基金產品發展卻相對迅速，導致一些不同類基金被放在同一類內比較，自然缺乏可比性，容易對投資者造成一定的誤導。

# 7、基金買賣管道的選擇

在什麼地方買基金比較好？在哪家銀行買基金比較好？當投資者準備投資基金時，常常遇到最簡單的問題。

由於開放式基金的制度體系安排，開放式基金的投資和銷售主要由基金公司進行管理。基金代銷常常是以基金產品為單位選擇基金代銷品種，這樣就形成了同一家基金公司所管理的基金產品分布在不同銀行進行銷售，而每家銀行所代銷基金的種類也不盡相同。

投資者在選擇基金理財的買賣管道時，應主要考慮以下幾個因素：

首先，銷售機構所銷售的基金產品要比較全面。目前基金產品的類型已比較多，基金產品種類也較豐富，各類型的基金產品各有特點。一個基金銷售機構所銷售的基金產品應該有股票型、靈活配置型、平衡型、債券型、貨幣型、指數型等各種

類型的基金產品可供選擇，每個類型下也須有更多小類型表現出各自特點供投資者選擇，比如股票中有成長型，價值型等。投資者可以根據自己的理財需求方便的構建自己的投資組合，並能適時進行調整。

再者，銷售機構所合作的基金公司要比較多。基金公司之間也存在較大的差異，投資風格、投研實力、客戶服務等也有較大的差異，投資業績也有穩定的和不太穩定的。投資者可以在銷售機構中選擇自己滿意的基金公司，另外，一些知名的，投資實力比較強的基金公司的基金產品線要比較完整。

第三、銷售機構基金交易的業務種類要完善。除了常規的申購、贖回業務外，銷售機構最好要有基金轉換，基金轉換可以幫助投資者節省時間和成本；再者需要有定期定額投資業務，交易類型包括定期申購、定期轉換、定期贖回等；如果銷售機構能提供預約交易也是一項不錯的服務，可以使投資者提前安排好投資。

第四、代銷機構的理財服務要規範。基金理財不像日用產品，選擇需要較多經驗及理財知識，需要規範合格的理專進行面對面的交流，是否具有比較規範管理的理專團隊是一個投資者選擇銷售機構的一個重要方面。

幾家大銀行等銷售機構都有比較豐富的理財產品有較好的理專團隊。尤其各家銀行也加大的基金公司產品線的完整

性建設。

# 8、買基金壓低成本的幾種方法

隨著證券市場的不斷上漲，基金淨值也是水漲船高，在不考慮基金贖回的情況下，還有沒有機會（認）申購到低成本的績優基金呢？答案是肯定的。因為基金作為一種中長期的投資產品，其投資的優勢是顯而易見的。但怎樣才能在基金成長過程中捕捉到好的投資機會，仍然不乏一些技巧。

**(1) 巧用基金公司網路直銷。**

現在的基金公司，大多都有自己的網站，並且大多和好幾家銀行合作，用它們的金融卡作為關聯帳戶，只要把自己的資金存到相對應的金融卡裡，然後登錄基金公司的網站，就可以操作了。

通常這樣的網上「直銷」，費率都有優惠，一般四折到八折不等，甚至最低只要二折。

**(2) 利用牛市中的震盪機會，捕捉其中的投資機遇。**

證券市場目前正處於歷史的高位，任何的基本面變動，都有可能引起市場的震盪，從而使基金的淨值在大盤的調整中受到衝擊和影響。但這種影響畢竟是短期的，對於選擇基金中長期的投資者來講，是難得的低成本購買的機會。俗話說，千金難買牛回頭。對於基金投資來講，同樣如此。

**（3）到有活動的銀行辦。**

事實上，除了基金公司本身，不少銀行也做活動。對於不熟悉基金網站操作的投資者來說，可以選擇搞活動的銀行。相對而言，銀行搞活動，可選擇的基金面更寬，例如○○銀行網上基金超市推出的網上優惠是，透過○○銀行網上申購基金，有數百檔基金可享受到優惠費率，優惠最低可達四折。

**（4）連續追蹤一支績優基金進行持續性投資，往往會達到攤低購買基金成本的作用。**

各基金代銷管道都提供了定期定額買基金的辦法，而運用到牛市行情中買績優成長性基金，也是一種理想的投資辦法。但面對基金回檔的機會，而一次性的投入較多的資金購買，也是一種不錯的選擇，而並非按照既定的定額扣款的形式。加上證券市場變幻莫測，在看好證券市場的中長期發展時，局限於每月扣款一次也不是明智之舉，而應當根據證券市場的變化隨時做出調整。因為一個月內進行調整的機會不是沒有，而連續幾次進行大幅度的調整也不是不會發生。因此，根據投資時機的不同而靈活運用定期定額買基金的方式，是一個不錯的選擇。

**（5）從貨幣基金到股票基金「曲線申購」。**

除了以上幾種辦法以外，還有一種方法目前大多數投資者都很少採用，那就是先購買你所青睞的基金公司的貨幣基金，然後再曲線「轉換」成股票基金。這種辦法，非常適合堅定投資

於該基金公司的投資者。

因為大多數基金公司的貨幣基金都不需要申購和贖回費用，而自家公司的基金之間轉換費率，通常也比申購本身要低得多。例如一家基金公司的某檔基金，正常申購費率為百分之一點五，如果你選擇先在基金公司網上買入十萬元的貨幣基金，三個月後再轉換成它旗下的一檔股票基金，轉換費率只要百分之零點二十五，如果已經持有一年再轉換，費率只要百分之零點二，持有兩年則低至百分之零點一，持有三年再轉換就可以徹底免費了。

相對應的，已經購買過基金的投資者，不少都有落袋為安的心理，尤其喜歡在重大節日前選擇了先贖回再買入的策略。一來一去，花了不少冤枉錢，況且贖回期間就只能讓贖回的現金留在手裡，派不上用場。如果採取股票基金和貨幣市場基金互相轉換的策略，一般可以省下大約百分之一的交易費用。

此外，還有的基金公司只在股票基金轉成貨幣市場基金時收取百分之零點五的贖回費，而貨幣市場基金再轉換成股票基金則不收費，來回更是可以省掉大約百分之一點五的交易費用。況且從時間成本的角度來看，按照原來的交易程序，先贖回股票基金再申購，一般需要六至八個工作日，但股票基金與貨幣市場基金之間的轉換通常只要二個工作日就能完成，這樣就可以賺到這期間持有比銀行利率略高的貨幣基金的利息收入。

# 9、基金公司如何選擇

基金管理公司是基金產品的募集者和基金的管理者，其最主要職責就是按照基金合約的約定，負責基金資產的投資運作，在風險控制的基礎上為基金投資者爭取最大的投資收益。遴選基金管理公司的原則是看它是否具有成熟的投資理念、專業化的研究方法、良好的治理結構、嚴格的內部風險控制制度、嚴格的外部監管和資訊披露制度，而非盲目或片面的只看前期收益率排名和基金規模大小。具體說來有如下幾個方面：

（一）規範的管理和運作是基金管理公司必須具備的基本要素，是基金資產安全的基本保證。

判斷一家基金管理公司的管理運作是否規範，可以參考以下幾方面的因素：一是基金管理公司的治理結構是否規範合理，包括股權結構的分散程度、獨立董事的設立及其地位等。二是基金管理公司對旗下基金的管理、運作及相關資訊的披露是否全面、準確、及時。三是基金管理公司有無明顯的違法違規現象。

（二）基金管理公司歷年來的經營業績是投資者重要的參考因素。

基金管理公司管理水準的高低可以透過其旗下基金淨值成長和歷年分紅情況展現出來。要考察管理團隊，主要看團隊中人員的素養、投資團隊實力以及投資績效。在各種投資理論盛

行的今天，單純依靠媒體宣傳是蒼白的。只有取得實實在在的突出業績，才是一檔基金證明自己能力的最好辦法。旗下基金整體業績出色的基金管理公司是值得信賴的。如今，各大研究機構針對基金的業績排名已經越來越專業，越來越細化，投資者要比較媒體上刊登的這些資料，尤其要關注一段較長時間內的總體收益（比如一年以上的收益），畢竟購買基金是相對長期的投資，我們需要的是長跑健將。

在這方面需要強調的是，首先要看公司整體業績。選基金先選公司，在選擇基金前，基金操盤手尤其需要注重基金公司的整體業績，不要只看旗下一檔基金的業績。只有整體業績優良才證明投資團隊的管理能力。在二○○六年的牛市中，不少基金抓住了熱點，業績不錯，但其中也不乏有部分基金管理團隊為了做出成績而採取一些短期的投機行為。具體來說，如果是旗下某檔基金突出，其他基金一般或者較差的公司，基金操盤手們就需要謹慎。

其次，還要看公司的歷史業績。雖然歷史投資業績並不表明其未來也能簡單複製，但至少能反映出公司的整體投資能力和研究水準。

還要看基金公司的穩定性，即股東結構和基金經理團隊的穩定性。基金業績主要依賴於基金公司的投資團隊能力，穩定的投資團隊是投資者選擇基金的重要考量。如果一家公司人才

經常流動，基金經理頻繁跳槽，這可能意味著團隊內部管理和治理結構不完善，會給今後業績的持續成長帶來不確定性。

還要看基金業績的持續性，基金投資應該強調「穩」字當頭，回報穩健成長的基金業績比暴漲暴跌的基金業績更值得投資者擁有。市場上表現優秀的基金公司，有著在各種市場環境下都能保持長期而穩定的盈利能力，好業績也是判斷一家公司優劣的重要標準。要看公司是否有成熟的投資理念，是否契合自己的投資理念，投資流程是否科學和完善，是否有專業化的研究方法、風險管理及控制、公司產品線構築情況等。還要考察公司的風險控制能力。

（三）基金管理公司的市場形象、對投資者服務的品質和水準也是投資者在選擇基金管理公司時可以參考的因素。

對於封閉式基金而言，其市場形象主要透過旗下基金的運作和淨值表現展現出來，市場形象較好的基金管理公司，其旗下基金在次級市場上更容易受到投資者的認同與青睞。反之，市場形象較差的基金管理公司，旗下基金往往會遭到投資者的拋棄，缺乏上漲的動力與題材。對於開放式基金而言，其市場形象主要是透過行銷網路分布、收費標準、申購與贖回情況、對投資者的宣傳等展現出來的。投資者在投資開放式基金時除了考慮基金管理公司的管理水準外，還要考慮到相關費用、申購與贖回的方便程度以及基金管理公司的服務品質等諸多因素。

面對市場上的基金熱，由於缺乏專業知識，普通大眾往往容易追跟隨多數，「別人都買，我也要買」的這種心理非常普遍，越是限購的基金產品越容易遭到搶購。而在搶購之前，很多投資者都沒有關注買的是否是自己想要的產品。

我們建議各位投資者在購買基金前，應該保持清醒的頭腦，對準備購買的基金以及管理該基金的基金公司進行謹慎和全面的了解，切忌盲目衝動或者一窩蜂似的搶購基金。

在國外成熟市場上，對選擇基金和基金公司有個通行而有效的「4P」標準。第一個 P 指理念，PhUosophy，就是投資理念，這是指導一家基金公司投資管理的綱領性因素，投資者首先要看其理念是否成熟而有效，其次看自己是否認可這一理念進而認可該基金公司的投資管理模式；第二個 P 是團隊，People，因為任何投資理念和投資管理的執行都靠人，團隊專業能力的強弱是基金業績一項重要的決定因素。通常來說，投資能力一般的團隊難以做出中長期優異的投資業績；第三個 P 是流程，Process，單純靠人做投資難免會產生因主觀因素造成的失誤。這時嚴密科學的投資流程就顯得十分必要，投資依靠流程的約束和執行可以規範基金管理人的投資行為，使基金管理人具備複製優秀基金的能力，其業績具備持續性；第四個 P 是績效，Performance，這也是最簡單、最直觀的一個評價指標。但投資者需要注意的是，它也只是一個輔助性工具，因為

以往業績的本質仍然是依賴於前述三大標準。用 4P 標準來考察基金，投資者就可以基本把握住優質的基金公司和基金產品。

　　綜上所述，遴選基金管理公司主要參考依據為基金公司管理資產規模、公司誠信度、公司品牌影響力、公司組織制度構建、公司旗下基金的表現、公司客戶服務體系、公司員工忠誠度等方面的情況，須綜合評價客觀考察各家基金管理公司的整體綜合實力、投資運作能力、風險控制能力、投資服務水準等四個方面。

# 10、尋找值得信賴的基金經理

　　從一定程度上講，投資者購買一檔基金產品，首先要看運作這檔基金的基金經理是不是一位優秀的基金經理，只有優秀的基金經理才值得我們信賴。

　　基金經理手握基金的投資大權，決定買什麼、賣什麼和什麼時候買賣，從而直接影響基金的業績表現。基金的管理方式有三種。第一種是單個經理型，即基金的投資決策由基金經理獨自決定。當然，基金經理並不是包攬研究、交易和決策的全部工作，他的周圍有一組研究員為其提供各種股票和債券的資訊。第二種是管理小組型，即兩個或以上的投資經理共同選擇所投資的股票。在這種方式下，小組各個成員之間的權責難以完全清楚的劃分，但有時也會由一個組長來做最終決定。第三

種是多個經理型，每個經理單獨負責管理基金資產中的一部分。

**基金經理就像一所醫院的醫生，病人不但要選好醫院，而且要選這家醫院裡技術優良的醫生。**從現實來看，僅看其履歷表是不夠的，僅憑短期的基金運作狀況也是難以發現基金經理的潛在優勢的。正是諸多不利因素，而使投資者在選擇基金和評價基金經理時面臨一定的困惑。

事實上，頻繁更替基金經理不可取，進行基金經理的短期排名，也不利於對基金經理進行公正、客觀的評價。投資者選擇基金經理應從多方面入手。

## (1) 基金經理的管理能力

機構投資者以及各種投資諮詢機構可以透過多種途徑了解基金經理的投資管理能力，比如調查基金經理與研究員的背景，深入了解投研團隊的決策模式等。但是，普通投資者在時間、精力和手段方面顯得捉襟見肘，獲取詳實的資料也是不切實際的。不能靠簡單的歷史業績資料來評價基金經理的投資能力，但可以透過關鍵的線索挑選堅持自身投資理念的基金經理。

**基金經理投資管理的年限與經驗**

投資者可以從晨星網站或基金公司網站上獲取相關資訊，如基金經理何時何地開始從事投資，以及從事資產管理的經驗。如果基金經理以前還擔任其他基金的管理人，投資者需仔細查閱相關基金的歷史業績資料和在同類基金中的比較。

## 第 2 章　基金新手必須掌握買基金的方法

### 基金報告

　　投資者可以透過基金的定期報告如季報、半年報和年報等，追蹤基金經理的操作策略。一份好的基金報告著眼於投資者的長遠利益、摒棄急功近利的短線行為，是對投資者尊重的象徵，投資人也能充分利用它了解基金，獲得平實易懂的操作理念。好的基金經理願意與投資者一起分享投資中的成功與失敗。面對投資報告中陳述的內容，應審查基金經理是專注於市場研究還是用晦澀難懂的語言重複自己的投資策略。所以，當仔細閱讀一份基金報告時，也許發現基金經理的操作策略不符合自己的投資目標，然後將其從組合中剔除。反之，你會成為基金的忠實夥伴，即使在其業績出現困境的時候也會對他不離不棄。

### (2) 應是保持穩定的基金經理

　　只有穩定才能發展。證券市場發展有一定的階段性，股價變化也有一定的週期性，國民經濟更有一定的運行規律。不考慮這些週期性因素和階段性變化對基金資產配置品種的影響，基金的運作業績很難透過週期性的變化展現出來。因此，基金經理的更替也應當在遵循資產配置規律的前提下進行，從而打破原有的資產配置組合。長此以往，基金的運作業績可想而知。因此基金經理更換不應以年分的長短來衡量，而更應當以資產配置的週期性長短來衡量。

### （3）不宜過度突出基金經理的個性化

基金的個性化運作規律應是基金產品的運作規律，是資產配置組合的運作規律，而不是以基金經理的個人投資風格來決定的，更不是個人投資策略的簡單複製。一檔基金運作的好壞，應是基金經理背後團隊的力量。作為基金經理應是指揮和引導基金團隊運作的帶頭人。因此，崇拜基金經理個人應當轉變為崇拜基金運作的團隊。因此，過度宣揚基金經理的個人人格魅力也是不足取的。

### （4）多元化的基金經理

透過對基金經理的履歷可以發現，研究型的基金經理較多。基金研究在基金產品的運作中有著十分重要的作用。但事實證明，具有豐富實戰投資經驗的基金經理，在基金運作中的勝算係數更大。投資離不開研究，但研究的根本目的是為了更好的運用於投資。因此，一個良好的基金經理，應當是一個包括研究和投資、行銷在內的多元化，基金業也應當著重培養這樣的多元化。

### （5）保持經營業績穩定的基金經理

一檔基金能不能保持基金淨值的持續成長和基金份額的穩定，對提升投資者信心是具有積極意義的，也是衡量一檔基金運作好壞的重要判斷標準。

# 11、買新基金還是老基金

目前已經在市場上運作的基金品種已有數百支。在老基金相繼擴募的同時，新的基金品種也層出不窮。

面對如此眾多的基金品種，抉擇成為最大的難題。一些專業諮詢人士被問到的最多的一個問題就是：是應該買新基金還是應該選擇老基金？

要回答這一問題，投資者有必要先了解新老基金表面及深層可能存在的差異，然後才能區別對待，作出正確的決策。下面就新老基金的各自優勢進行比較：

## （一）新基金的優勢

### （1）費率優勢。

一般老基金申購時要付出較多的申購費用，大部分新基金認購時付出較少就可以了，有時候可能還會打折等在費率上面的優惠。

### （2）進退自如。

新基金沒有倉位或倉位很低，如果處在下跌市場的話，可能跌得少或者不會跌，而且有機會在恰當時機建倉獲取收益。

## （二）老基金的優勢

### （1）過往業績。

老基金有以往業績，有投資操作的過程，投資者可以客觀

評價分析。

**(2) 倉位優勢。**

老基金已經建立好倉位，在一個牛市的市場裡面可以不需花太多的成本而較容易的分享它的市場上漲收益。

上面的比較清晰的揭示出新老基金的各自成勢。其實對於各自的劣勢。投資者也能很直觀的看到：

新基金沒有歷史。新基金沒有運作過，還沒有募集完成，它的投資能力無法得到投資人的認可。此時投資人只能了解這檔基金的委任的基金經理曾管過什麼基金，他能否管好新的基金是一個風險點。建倉過程中，新基金還不可避免的將產生建倉成本。

老基金同樣有弱點，它已有很高的股票倉位，如果市場調整，特別是市場持續下跌的話，必然要面臨著比較高的調整成本和再選擇的成本。

「**牛市看老，熊市看新**」是目前比較流行的說法，也概括出許多專家的觀點：如果市場看漲，就購買老基金，持續走高的市場中，老基金有現成的資產配置，能夠直接分享市場上漲的收益；如果市場看跌，更適合新基金緩慢建倉，新的基金由於建倉尚未完成或倉位較低，相對而言可較好的避開市場下跌的風險，等待合適的機會獲取收益。

投資者熱衷於投資新基金，可以說在基本上是由於對基金

# 第 2 章 基金新手必須掌握買基金的方法

淨值與風險的誤解而導致的「追低」行為。很多投資者以看待股票的眼光來看待基金，得出了錯誤的結論 —— 低價格意味著低風險，新基金的價格低於老基金的價格，因此新基金風險也比老基金低。甚至有投資者錯誤的認為新基金就相當於原始股，沒有風險卻有巨大的增值機會。

由此看來，新基金與老基金熟優熟劣，實在難分伯仲，不可一概而論，要根據具體情況具體對待。我們認為海富通公司鄭拓的一篇部落格文章對新老基金的分析比較徹底，在此特向讀者推薦。

他從幾個方面對新基金和老基金加以了比較。

**第一，投資品種選擇。**

新基金因為剛剛成立，正所謂一張白紙可以畫最新最美的圖畫。基金經理此時完全可以根據市場的最新走勢和最新湧現的投資熱點，選擇投資品種，構建投資組合。而老基金因為倉位較重，基金經理即使看到了新的投資機會，往往也要先賣掉手裡的部分股票，才有可能買新的股票。那麼，在時機的把握上就稍遜一籌。以二〇〇六年第四季為例，當時的行情中，新基金的表現就明顯好於老基金。除了指數的大幅上漲以外，新基金迅速的建倉速度也是其淨值快速成長的又一重要原因。很顯然，相當多的新基金在這一波攻勢凌厲的牛市行情裡均一致採取了快速建倉的策略。據了解，有個別新基金在成立不到兩

週就將股票倉位提高到了近百分之七十，這使得新基金在緊跟熱點的同時迅速的享受到了這波大盤藍籌股帶來的益處，而老基金則由於換倉成本的問題較新基金稍有遜色。

因此，在這一時點上，新基金有優勢。

**第二，建倉成本。**

直接的建倉成本通常包括兩部分：交易費用和價格衝擊成本。買入股票就要支付佣金和印花稅等費用，即交易費用。大資金買入股票通常會推高股票的價格。比如現在是二十元一股的股票，等一檔基金建倉完畢，價格可能已經漲了很多，而這檔基金的實際成本也許在二十二元。那麼，這高出來的百分之十，就是價格衝擊成本。老的基金通常持有較高的股票倉位，其建倉成本已經展現在以往的淨值中。而新基金因為仍要買股票，則必然產生交易費用和價格衝擊成本，這部分成本將會沖抵未來可能的收益。所以，在建倉成本上，老基金占有優勢。

**第三，系統性風險的控制。**

新基金剛成立時，股票倉位通常為零。所以，當市場正處於下跌時，新基金可以減緩建倉節奏，以規避短期市場下跌的風險。反之，如果市場正處於快速上升階段，那麼，新基金就比較被動了。新基金因為剛剛成立，股票倉位幾乎為零，一成立就落後了業績比較基準幾個百分點。所以對於系統性風險的控制，新老基金因市場所處階段的不同而優劣互現。

**第四，基金經理的選擇。**

基金未來的業績如何，和基金經理的投資能力密切相關。老基金通常已經運作了一段時間，投資者對基金經理的投資風格和能力有一定感性認識，對其未來的投資業績的預測把握相對要大一些。而新基金的基金經理如果是新人，那麼投資者通常應該考查一段時間，來熟悉其投資風格並評判其投資能力。不過，現在越來越多的基金公司崇尚團隊投資的模式，新基金的未來業績可能和整個投資團隊的投資能力關聯度更大。另外，為了新基金的成功發行，也考慮到基金公司資源的局限，許多公司推出「老」基金經理來管理新基金。所以，透過研判該基金公司其他基金的過往業績，或者該基金經理所管理過的其他基金的業績，也可以較清晰的判斷出新基金未來的可能表現。

由此看來，老基金未來較為明確，而新基金具有不確定性，此時，選擇老基金似乎更為可靠。

**第五，認購費用。**

各基金公司為順利推銷新基金，通常對於認購新基金的投資者在認購費用上給予一定的優惠，而老基金往往無此待遇。當然，這些費用的節省都是小恩小惠，基金未來的成功投資應該才是投資者真正的盛宴。如此說來，新基金與老基金在費用問題上的較量只能算是小勝。

### 第六，新基金建倉，老基金「借光」。

一個基金公司管理的新老基金，因為共用一個投資研究平台，其在投資品種的選擇上必有某些偏好。通常一個新的基金在建倉時，也會高比例買入同一公司其他基金持有的某些重倉股票。那麼，新基金建倉時，老基金「借光」就很自然。這一點在新基金規模巨大時尤其明顯。當然，決定股票長期價格的仍是公司的基本面。所以，這點收益也屬於短期的小恩小惠的範疇，但總的說來，這一回還是老基金小勝。

市場中常常有這樣的情況，投資者在看好了某家基金公司後，一旦遇上該公司發行新基金就去瘋搶，無視基金的類型。比如：某明星基金公司上兩個月曾發行過一支混合基金，其基金合約裡規定在債券、股票上都必須配置相應比例，這就決定了其在牛市中漲不過某些股票基金。但投資者購買時並沒有仔細考慮這些因素，買了之後發現收益率不夠高，又開始對基金管理團隊的投資能力產生懷疑。所以，買基金前，必須根據自己的風險偏好和收益預期，想好要買什麼類別的基金。

## 12、定期定期定額省時省力

對於很多投資者來說，無論客觀還是主觀條件都不允許他做低買高賣的操作的話，此時我們建議他做定期定額投資。所謂定期定額投資，就是在選定投資的產品後，堅持定期投資

固定數額的資金用於購買基金。對於普通的投資者，定期定額嚴格的紀律性能夠過濾掉投資者因為心理波動而出現的非理性追漲殺跌行為。從較長時段來考察，定期定額的投資回報率是很高的。

定期定額投資基金有什麼優點呢？

第一，定期投資，聚少成多。根據自己的收入水準和理財計畫，每次定期定額投資的資金多則上千元，少則幾百元，但長期下來透過定期定額投資計畫購買基金進行投資增值可以「集腋成裘」，在不知不覺中積攢一筆不小的財富。

第二，自動扣款，手續簡便。只需去基金代銷機構，如銀行，辦理一次性手續，今後每期的扣款申購均自動進行。

第三，平均成本，分散風險。定期定額投資由於就會每月投資金額固定，當基金淨值上漲時，買入的基金份額就會少一些；當基金淨值下跌時，買入的基金份額就會多一些，這樣就很自然的形成了「逢高減籌，逢低加碼」的投資策略，獲得平均成本，也免去選擇投資時機的麻煩，分散了投資風險。

定期定額的初衷是要經由平均投資（時間和金額的平均）的觀念來消除股市的波動性，過濾投資人情緒波動風險，獲取投資收益。所以選擇的基金若沒有上下波動，例如貨幣型或債券型基金，反而沒有機會獲得利潤，因此，波動程度稍大的基金較適合作為「定期定額」的投資標的，例如成長型基金、產業

(生化、高科技)基金或小型股票基金等。

　　現在，透過基金公司直銷或者銀行代銷等管道均可以辦理定期定額業務。定期定額的投資方法，除了可以分散風險之外，也是一種強制儲蓄的理財工具，適合於儲備特殊用途的資金，比如教育金儲備、養老金儲備等。而且，定期定額的門檻比較低，最低每個月的投資額度僅兩百元，也是資金量較少的投資者提早進行理財規劃較好的選擇。

　　有較好的儲蓄習慣，又能夠從方向上認同資本市場發展趨勢的投資者不妨嘗試定期定額的投資方式。而如果投資者目前就沒有資金流的限制，那麼，最優策略也不是一次性購入全部金額的基金（當然，這種做法並沒有根本性的問題，只是不一定具有最高的投資效率）。專家建議，可以在當前時點買入一定數量的基金，建立基礎倉位。如果市場強勢上漲，就暫時停止申購行為；而在市場大幅下跌的時候，就是加倉買入基金的大好時機，拋開情緒上的波動性，在下跌中攤低自己的投資成本。因為在長期向好的牛市裡，任何調整都是階段性的震盪。當然，這種方法要求投資者對市場的中長期發展趨勢有判斷識別的能力，如果投資者並不具備相關技能，「定期定額」仍不失為較好的選擇方式。

　　透過定期定額投資基金要注意以下兩點：

　　第一，需要長期堅持。尤其是在市場波動，甚至下跌的情

況下，這正提供給你一個逢低吸人更多籌碼的時候，不能到下跌時害怕了，放棄了買入計畫。

第二，需要量力而行。每月用來定期定額投資的錢一定不要影響到您的正常生活，不要設定不能承受的投資金額，給日常生活造成負累。

目前定期定額投資產品的時限有兩種，三年期和五年期。您可以根據自己的情況，選擇您定期定額投資計畫的時間，以及每月扣款的金額。

一般說來定期定額會有階段性的優惠。比如：有一家基金公司，定期定額投資階段性的優惠措施就有三項內容。第一項是期間內，在銀行辦理基金定期定額基金定期定額業務，在活動期內，各次定期定額申購費率優惠為八折。第二項是在活動期間內，辦理定期定額業務的投資人，從首期扣款開始，若連續成功扣款十二期，從第十三期開始，所申購基金的申購費率優惠為九折。若連續成功扣款二十四期，從第二十五期開始，所申購基金的申購費率優惠為八折。該項措施主要為鼓勵長期投資基金產品。第三項是在活動期間，申購開辦定期定額業務的十二檔基金產品，均可享受八折的基金申購費率優惠。

# 第 3 章
## 基金新手必須掌握賣基金的方法

# 1、從基金年報中找出自己需要的資訊

　　由於基金淨值的及時公布和基金組合資產品種的定期披露，已使投資者在日常的交易過程中，掌握了一定的基金產品資訊。但因基金的經營業績也是按年度進行計算的，因此，相對於日常的基金資訊披露，基金年報揭示的資訊將更加全面，更加權威，對基金產品的投資更有參考價值。對基金年報進行認真閱讀將有助於基金操盤手做出明智的決策，一般應關注以下內容：

　　基金投資策略。儘管每檔基金產品發行時，都有一定的投資策略，這些投資策略都是指導性的。但因市場瞬息萬變，為捕捉投資中的機會，基金管理人也會根據市場情況變化進行適度的策略調整。為此，投資者不能總是以基金招募書上的投資策略作為評定基金產品策略一貫性的標準。當投資者透過閱讀基金年報，及時掌握了基金的策略變化，就會做出自己的投資策略調整，跟上基金的操作步伐。

　　基金投資組合。基金投資組合說明基金在期末時點上投資於股票、債券和現金等資產的比例，還披露了股票投資的行業分布。投資者可以從基金持有股票明細中了解基金大量持有哪些股票。在這些大量的資訊中，投資者也許不可能清楚了解投資組合中的每檔股票，但以此判斷基金是持有某些行業的多檔股票還是進行選擇性的選擇性的集中投資。

　　管理人報告中的內部監察報告、重要事項提示部分也是投資人需要關注的。此外，基金持有人戶數和相對的份額可以幫助投資人了解基金的持有人結構，究竟是以機構為主還是以個人為主；封閉式基金還會披露前十大持有人的名單。

　　基金經理的投資風格。透過閱讀基金年報，投資者將從基金的投資策略、持倉品種的變化、資產配置產生的效益等諸方面，對基金經理的投資風格做出全面評價，以此檢測基金經理操作基金的能力和水準。

　　基金持有人結構。透過閱讀年報，了解基金持有人的結構變化，基金申購、贖回、轉換的次數，將為投資者提供重要的投資參考。基於投資者的偏好不同，基金資產品種收益的波動性，及基金行銷持續服務中的不足等多種因素，共同造成基金申購、贖回的頻度，從而使基金的規模受到限制，導致基金資產配置資產被動性調整，從而使基金的運作處於不穩定狀況，因無法進行資產的最佳化配置而使業績不斷下滑。因此，透過閱讀基金年報，觀察交易頻度，了解基金規模，將更多的凸顯出基金經營和運作中的風險之處。

　　基金分紅策略。實證表明，無論採用哪種分紅方式，都有助於降低基金的贖回頻度，促使投資者積極申購。因此，對於具備分紅條件的基金產品，還是應當積極分紅的。為防止減少現金流出，實行基金的滾動投資，基金產品分紅可以鼓勵投資

者採取紅利再投資方式。同時，持續穩定的分紅，將有助於基金淨值的成長，形成基金淨值和分紅同方向變化的連動關係。

　　基金的內控機制。作為投資者，閱讀基金年報，恐怕最不能忽略的就是基金管理公司的內部控制機制。透過基金經理的投資風格，基金產品投資組合，基金的運作業績，基金持有人變化，將更多的凸現出基金內控機制的完善性、科學性、規範性、高效性，從而觀察和了解基金產品運作的風險控制能力。同樣，一個健全的內部控制制度，也有助於基金運作業績的大幅度提高。

　　透過閱讀基金年報，投資者將了解哪些投資組合資產品種產生了收益，哪些投資組合資產品種產生了虧損。被調出資產品種和被調入資產品種之間有什麼不同點和共同點。透過對基金組合資產品種的分析、對比和了解，從中找出自己需要的資訊，有利於投資者把握賣基金的時機。

# 2、基金分紅的兩種方式

　　投資者購買基金的目的是能夠獲利，除了拋售基金收回投資外，基金分紅也是投資者獲得收益的一個重要管道。基金分紅是指基金將收益的一部分以現金方式派發給基金投資人，這部分收益原來就是基金單位淨值的一部分。

　　對於主要投資於證券品種的基金而言，基金分紅主要有

現金分紅和分紅再投資兩種方式。投資者可以白主選擇分紅的方式。

**現金紅利 = 持有基金份額 × 每人基金派發紅利金額**

**新增基金份額 = 實際紅利金額／紅利實施日基金份額淨值**

投資者一般都了解現金紅利，目前的封閉式基金規定必須將不低於百分之九十的基金當期實現收益以現金形式分配給基金持有人。基金的現金紅利分配方法如同股票現金分紅，按照每個投資者的持有份額進行分配，如果您持有某個基金十萬份基金單位，每基金單位分紅 0.20 元，那麼您可以得到兩萬元現金紅利。

同樣在上述分紅情況下，如果您在投資時選擇了基金份額分紅，而分紅基準日的基金單位淨值（第二天公布）為 1.20 元，那麼您可以分到 20,000÷1.20 = 16,667 份基金單位，這時您持有的基金份額變更為 116,667 份。

基金份額紅利又稱為轉投資，即將分得的現金紅利繼續投入該基金，不斷滾存，擴大投資規模。對於這種轉投資，通常情況下基金管理公司是不收取申購費的，鼓勵投資者繼續投資本基金。如果申購費率為百分之二，您選擇現金紅利，然後再投資該基金的話，那麼您只能購買到（20,000 － 20,000×2%）×1.20 = 16,333 份基金單位，比直接選擇基金份額紅利少了 334 份。

一般來看，投資成長型基金的投資者抗風險能力較強，注重資本的成長和累積，比較適合選擇基金份額紅利的分配方式；而投資平衡型基金和收益型基金的投資者比較注重平穩和現金收益，可以選擇現金紅利的分配方式。

# 3、什麼是紅利發放日、除息日和宣布日

紅利發放日指享有分紅權益的基金份額的登記日期，也就是說投資者只有在分紅：權益登記日前（含當日）購入基金才有資格參加分紅，而紅利發放日前（含當日）贖回的基金則不享受分紅。投資人在權益登記日以前（含權益登記日）到開戶的銷售機構進行分紅方式變更的，以變更後的分紅方式為準。一般情況下，如果紅利發放日為 T 日，則除息日為 T+1 日（即第二天），宣布日為 T+2 日（即第三天）。

除息日是指分紅方案中確定的將紅利從基金資產中扣除的日期，除息日的基金份額淨值與前一天價格相比，已經扣除了分紅金額，所以這一天的基金份額淨值一般會比前一天有所下降。

宣布日是實施紅利分配的日期，如果分紅方式是紅利再投資，等額的現金紅利將按宣布日的基金份額淨值折算成相對的基金份額；如果分紅方式是現金分紅，現金紅利將於宣布日從基金託管庫劃往投資人帳戶。

# 4、分紅的次數不是越多越好

　　基金是不是分紅次數越多越好呢，答案是不一定的。當基金經理預測將會有大的牛市行情時，除非基金合約注明要求規定時間內分紅，否則基金不會主動分紅，原因是此時分紅必須賣出股票套現，所以在牛市剛起步時要買不分紅或者分紅少的基金，這樣在牛市見頂前，基金的單位淨值才是最高的，投資者所獲得收益才是最多的；如果基金經理判斷大盤處在熊市或者牛市即將近日調整期，那基金經理要主動分紅落袋為安，積極套現回報基金投資者。

　　不同基金有不同的分配政策，投資者在投資基金前一定要看清楚基金公開說明書裡有關分紅的具體條款，那裡面一般會規定基金收益分配的基本比例、分配次數、分配時間、分配政策等等，同時分配方案中還會寫明基金收益的範圍、基金淨利、基金收益分配的對象、分配方式和支付方式等內容。在基金收益分配時，還會透過媒體公告，投資者需要留意公告內容，尋找與收益分配相關的資訊。

# 5、把握好轉換基金的時機

　　在基金投資中，許多投資者看到股票基金單位淨值上上下下大幅波動，可能無法一直持有一檔股票基金，在這種時候，

# 第3章　基金新手必須掌握賣基金的方法

投資者可以適時的使用基金投資品種轉換來規避投資中的風險，而獲得更高的收益。

基金轉換是指投資者在同一家基金公司旗下的不同基金產品之間進行轉換，即投資者在贖回某檔基金的同時再申購其他基金。因為局限在同一家公司，因此投資者在選擇時，首先要注意挑選旗下產品種類豐富、高中低各種風險產品齊全的公司，其次再從中挑選股票投資能力較強、旗下股票型基金業績優良的公司。

相較於贖回再申購的程序，基金轉換可以節省一定的交易成本。一般來說，同一家基金公司旗下的基金，在進行轉換時，都會給投資者一定的費率優惠，比起正常情況下贖回再申購要節省不少費用。同時，由於基金轉換按照申請日的基金淨值進行申購，也避免了這位讀者所說的因為贖回基金後資金T+2日到帳的因素，而錯失買入最佳時機的情況。

當然，基金轉換不僅適用於低風險品種轉為高風險品種，而且也可選擇將股票型基金等高風險產品轉換為貨幣基金等低風險產品，一方面落袋為安，另一方面也可規避風險，靜觀大盤走向，待充分回檔後再擇機進入。

基金轉換是不是隨時都可以進行呢，並不是這樣，對轉換時機的把握是最關鍵的，以下建議可供投資者參考：

（1）如果您的股票型基金獲利已達到自己的目標位，希望

透過調整投資組合進一步獲利，可考慮將手上的股票型基金轉換為其他股票型基金，使資金運用更有效率。

(2) 如果您準備將手上的股票型基金獲利了結，但目前尚無資金使用需求，與其將錢放在銀行存款裡，不如將手上的股票型基金轉換至固定收益工具，如債券型基金或貨幣市場基金，不僅可以持續賺取固定收益，也可讓資金的運用更為靈活。

(3) 如果您持有的股票型基金跌至最低虧損點，與其認賠贖回，不如轉換成其他具有潛力的股票型基金或轉換成表現較為穩健的平衡型基金，讓投資組合布局更均衡，提高整體獲利。

(4) 當經濟景氣週期處於高峰、面臨下滑風險時，您應開始逢高獲利了結持有的股票型基金，將其逐步轉成固定收益工具，如債券型基金或貨幣市場基金。

當股票市場將從空頭轉為多頭時，您應將投資於債券型基金或貨幣市場基金的資金，及時轉換到即將復甦的股票型基金裡，抓住股市上漲的機會。

**「基金投資，只爭朝夕」**。可以說，基金轉換正是透過「朝夕之爭」來幫助投資者把握最佳的入市時機，達到其投資目的，同時，還降低了投資者的投資成本，可謂是一舉兩得的好方法。

# 6、賣基金的八點常識

## (一) 多長時間可以賣基金

如果投資者是認購新基金的話，那麼必須等到這檔基金經過不長於三個月的封閉期，宣布可以放開申購和贖回之後才能辦理賣出手續；如果申購的是老基金，那就沒有持有期限方面的限制。但是保本型基金是個例外，投資者在購買這類基金的時候，一般會簽定包括持有期限的契約，如果要提前贖回的話，需要付出很高的手續費。

## (二) 賣基金手續如何辦理

賣開放式基金一般需要辦理如下手續：

攜帶規定的資料（本人身分證、基金帳戶卡）到銷售網站（或透過電話、網路）填寫並提交贖回申請表。

通常在申請後兩天就可以到銷售網站列印確認單，或透過基金管理公司的客戶服務電話查詢贖回的確認情況。

## (三) 賣基金要花多少手續費

賣基金的時候所發生的費用稱為贖回費，它是在投資者贖回時從贖回款中扣除的費用，法律規定，贖回費率不得超過贖回金額的百分之五，贖回費收入在扣除基本手續費後，餘額應當歸基金財產所有。

## (四) 賣多少基金有限制嗎

賣出基金需要滿足最低限額（因定期定額申購、分紅、非

交易過戶等特殊業務造成的小份額贖回除外，但委託的份額必須等於帳戶餘額）。目前基金公司一般都規定開放式基金每次贖回申請不能低於一千份基金份額，否則贖回失敗。

另外基金公司還規定贖回後投資者的基金帳戶內所剩餘額也要滿足最低限額（目前一般為一千份），否則註冊登記人會要求把剩餘部分全部強制贖回。

### （五）我的基金賣了多少錢

投資人在賣出基金後，實際得到的金額是贖回總額減掉贖回費用的部分。其中的計算公式為：

**贖回總額＝贖回份數 × 贖回當日的基金份額淨值**

**贖回費用＝贖回總額 × 贖回費率**

**贖回金額＝贖回總額－贖回費用**

### （六）賣基金的錢什麼時候能取

投資者在提交贖回基金申請後五天內（不得超過七天，貨幣基金一般不超過兩天），贖回資金將會從基金的託管帳戶劃向投資人指定的銀行存款帳戶，這時投資者就可以自由支配銀行存款帳戶內的資金了。目前隨著銀行結算速度的加快，資金轉帳時間正在逐步縮短。

### （七）什麼叫指定筆贖回

指定筆贖回是指投資者多次購買基金後，贖回的時候指定其中任何一筆的行為。而與此相對的非指定筆贖回則採用「先

進先出」的原則，也就是按照時間順序，最早認（中）購的份額最先贖回。

### （八）什麼情況可能暫停贖回交易

（1）不可抗力的原因導致基金無法正常運作；

（2）證券交易所交易時間非正常停市；

（3）法律、法規規定的其他情形。

# 7、何時賣出基金

買基金容易，賣基金難，很多基金投資者都有這種感覺，的確，買了一檔基金後，就算基金報酬率再高，如果沒有選對時機賣基金，恐怕您開始的盈利只能是空喜一場了。許多投資人在股市行情看淡時會忍不住出脫手上的基金，在基金波段回檔時贖回，這是相當可惜的事。投資人若有閒置資金，選擇長期投資是最好的方式。但基金投資也不是不能贖回，投資者也總有需要現金的時候，無論是由於退休，還是為子女交學費，基金的業績不佳，以及基金投資方向的變化和投資者資產配置的轉變，都是贖回基金的重要原因。一般來說，如果出現以下情況，投資者可以考慮對所持基金份額進行贖回：

### （1）財務目標實現

投資基金之前首先需要明確買基金的目的，比如打算取得百分之三十的收益，或者為子女累積大學學費，為自己累積退

休金，為支付住房貸款而累積資金等。如果投資的目的確實已經達到，那麼就沒有必要再繼續持有基金份額。

除此以外，我們每個人的人生規劃與理財策略會隨時間、年齡與收入不斷改變。例如：年輕時能夠承受風險較大的積極成長型基金投資；年紀較長了，有較多的家庭計畫（如子女教育、購屋）需要實現，這時就應該轉換為穩健成長型或價值型基金；如果中年人為了退休基金作準備，就可以轉而考慮債券市場基金這類風險低、收益固定的基金。

基金是屬於中、長期投資的工具，不少投資者在考慮要不要賣掉手中的基金時，都會想我投資基金這麼長時間了，是不是要賣基金了，其實，沒有應不應該的問題，也沒有投資多少年一定要賣的道理，因為當您設定投資多少年後要賣基金時的行情不一定會讓您滿意，甚至處於虧損狀態，在這個時候賣掉，實在沒有必要。

一般來說，如果一檔基金長期的年平均報酬率可以達到百分之十五、百分之二十，就算是一支績優基金了，所以，以這樣的基金來評估，當一檔基金的年報酬率達到了百分之二十以上，若是碰上多頭行情，此時不賣，更待何時？

因此投資者在考慮要不要賣掉基金時，採取報酬率評估法比較好。投資時間長短無關您要不要賣基金，收益率才是賣不賣基金的關鍵，即使只投資不到一年，但報酬率達到百分之

## 第 3 章　基金新手必須掌握賣基金的方法

二十，此時賣基金，絕對可以落袋為安。

### (2) 投資者本身的收支狀況改變

　　每個家庭都有急需用錢的時候，當您需要錢周轉時，可能迫不得已將錢從基金投資中抽取出來。投資者在收入較少的情況下，投資的主要目的往往是應對短期的財務需求，而若投資者收入增加，閒置資金多了，就可以做一個全面的投資規劃。例如手中只有五萬元時，只能投資一些流動性強、中低風險的基金，如貨幣市場基金、中短債基金，以應對短期資金需求並防止可能的投資損失；但手中有十五萬元時，就可以考慮一些穩健的投資型基金，如保本基金和紅利基金等；而當手中有五十萬元資金的時候，就可以考慮中長期的投資，將一些原來投資的低收益基金贖回，轉移到以前因資金不足而無法投資的長期投資基金，或者是由定期定額投資，轉向報酬收益較高的單筆投資基金。相反，若是投資者的支出增加，出現日常生活維持上的困難，也應該將高風險的基金轉入風險較低的固定收益型基金，以求穩定的配息收入。

　　不少投資者認為，基金如同股票，也有潮漲潮落，只有順勢而為，方能趨利避險。而實際上，基金往往較股市慢一拍展現其淨值，當投資標的漲至高點時，基金淨值未必是高點，而且由於基金本身就有主動操作的成分，所以其與投資標的的相關性並不是完全的。而且股票型基金贖回後，基金公司一般會

在第三個工作日（T+3）把資金從帳戶劃出；貨幣市場基金贖回後，一般會在下一個工作日（T+1）把資金從帳戶劃出，考慮到時間成本和交易費用，投資者還是審慎贖回為妙。

### （3）基金的基本條件變動了

通常，您選中一檔基金，也許您是看中了該檔基金的基金經理，也許您是看中了基金公司的名望，也許您是看中了這檔基金過去的業績。當這些條件發生了變化，基金的基本條件也就發生了變化。對於基金經理的更換，投資者應該冷靜對待。很多情況下，明星經理的退出並不會明顯影響基金的業績，所以投資者不必一見到更換基金經理就急於賣出基金。一般透過六個月左右的觀察，如果基金表現沒有大的異常，就可以認為基金已經實現了正常的過渡而不必贖回。另外，基金的投資風格也會發生變化。有時候基金管理人會透過召開持有來修改基金投資風格，而有時候則不會徵求持有人建議而直接採取行動。比如一些基金管理人為追求更大的收益而將投資集中到一些熱點板塊中去，從而可能提高基金的風險水準，如果投資者對改變後的基金風格不適應，也需要贖回基金。相反的變化也要注意，比如積極成長型基金的目標應以投資股票市場為主，追求資本利得的最大成長。如果基金經理人因應對金融市場的變化，大幅提高債券或短期票券的投資比重（甚至超過公開說明書的規定），基金整個形態已轉為收益型，投資人應考慮是否

贖回或轉換基金。

### （4）基金規模出現異常變化

基金的規模與業績有較大的相關性，能掌管小基金的管理團隊未必能管理大型基金。雖然基金的優秀業績經常會引來更多的資金，但這也會增加基金管理人的操作難度，甚至引發基金投資宗旨的變化。單檔基金規模擴張過快時，可能會引發某些問題。一個問題是，原來的基金經理是否更適合操作小規模基金而不是大規模基金，基金是否會因為規模的暴增而不得不改變其原來的投資方向，基金經理也被迫買入自己不熟悉的股票。事實上，假如一檔基金原來的投資方向主要是小市值股票，如果規模擴張過大，基金經理也許會發現市場上沒有足夠多的適合買入的小市值股。

若市場處在持續上漲過程中，投資者在預見到所持基金的持續行銷可能帶來巨額申購時，可以考慮換成風格類似、規模較為穩定的基金。

### （5）單一市場行情反轉而下已成定局

基金價值取決於投資標的的漲跌，當基金投資標的市場呈多頭走勢，基金表現理應上漲，反之，當投資標的出現空頭，基金表現會相對較差。一般而言，投資者不必由於市場的短期變化而贖回基金，但當市場出現長期空頭且空頭走勢未見停歇時，投資人應趁早看清局勢，提早出脫，以免損失擴大。例如

一九九二年日本市場步入空頭，一九九七年東南亞股市連番下跌，如果投資人未適時出場，繼續持有這些國家的投資基金，損失肯定不小。一般投資者可以風格靈活的配置型基金為投資主菜，以主題型基金、區域型基金或較高風險基金為投資配菜，在迴避風險的條件下爭取獲得更大的收益。

### （6）組合中重複的基金

組合中重複的基金，投資者也可考慮賣出。其原因我們在第六節中已經討論過。研究表明，投資組合中的各基金品種相關性越高，分散風險的效果越差。一組同類型的股票基金構成的投資組合，是不可能達到有效分散風險的效果的。正因為如此，專家建議，同一組合中類型相同的基金最好不要超過兩檔。賣出後，投資者可把回籠的資金用來購買其他類型的基金，或集中配置到同類型中保留下來的那檔基金身上。賣出買入固然要支付一定的費用，但可有效的提高組合的整體效率。

### （7）基金業績長期欠佳

雖然基金強調長期投資，但這並非意味著把錢投下去後就十年八年的完全不用理會，投資者需要至少每季度檢查一次自己的基金績效表現。比較基金的績效可以用我們介紹過的。係數或夏普指數，考核期也不宜太短，一般至少要考察基金近一年的表現。現在有些評測機構為了製造新聞效應，只考察基金每月或每季度的表現，這樣做會使基金排名的次序變化得過

# 第3章　基金新手必須掌握賣基金的方法

於頻繁，投資者高頻率的進出基金會導致交易成本的提高，從而影響投資效果。一般只要你投資的基金長期績效表現遠遠超越大盤和其他同類型基金，且長期下來能夠達到你的理財目標，你就不該為了該基金某個月的表現欠佳而急著將基金贖回或轉換。

此外，在每季度一次的檢視中，投資者還需要觀察股票市場的多空變化，確定基金所投資的市場整體的漲跌趨勢。基金的表現不佳可能是由於基金管理人操作失誤造成的，也可能是由於它所投資的那類資產整體表現不良引發的。對於前者，基金管理人一般能夠及時加以修正。而對於後者，基金管理人相對難以扭轉局勢。如果投資者認為自己所持有的基金整體資產配置、收益表現均不好時，不妨贖回此類基金而換成其他類型的基金。

### (8) 第五種情況：基金會被清算。

主要是因為基金規模已經縮小到一定的程度，基金繼續存在已經不符合經濟效益，基金公司就會將這樣的基金清算掉。基金準備清算前，都會先通知投資者將會在什麼時候清算基金，由於基金清算還需要一定的成本，投資人在清算之前先賣掉基金，也許可以少賠點。

# 8、賣掉基金的時點選擇

基金投資者可以分為兩種類型，賺了錢的和沒賺錢的。沒賺到錢的那一類都有些苦惱，但賺了錢的基金投資者也有煩惱，他們經常會考慮一些問題，比如是時候贖回了嗎？查看淨值，賺了不少，是落袋為安，還是繼續持有呢？萬一再來一次跌破淨值的情況，現在賺的可就都泡湯了。

面對基金淨值的短期波動，是及時轉換思維，參與「低買高賣」的價格搏殺，還是堅持按兵不動呢？面對這些情況，投資者面臨著選擇。要解決這些問題，首先，應該知道自己購買的基金是屬於什麼類型的基金？這類基金的投資對象是什麼？自己的風險承受能力如何？購買這些基金的目的是什麼？

## (1) 股票型基金

對於股票型基金來說，投資對象全部或大部分為上市公司的股票，其中部分資金也投資於債券或其他金融工具。

股票型基金在所有基金類型裡投資股票的比例最大，因此，這種類型的基金表現主要依賴於股票市場，所以您在股票上漲時賣掉基金是最合適的。如果為了節省到帳的時間，可以先轉換成貨幣基金再贖回。這樣要比直接贖回到帳的時間快，收入也要多一些。由於股票型基金的高風險、高收益特徵，其不確定性因素也是最多的，投資股票型基金要求投資者能承擔一定的風險，儘管預期未來的收益很好，但是也不能一味的再

增加投資，應該控制好比例。

**(2) 混合型基金**

既投資股票又投資債券，對股票市場具有一定依賴性。

**(3) 債券型基金**

募集了大家的錢然後去投資各種債券，以獲取債券所分配的利息及買賣債券的差價利得，然後將獲利部分由投資人共用。

債券基金基本上屬於收益型投資基金，一般會定期派息，具有低風險且收益穩定的特點。但是在有加息預期的時間段裡，購買債券型基金是不合適的，如果手裡有債券型基金，就應該將其賣掉替換成其他的投資產品。

**(4) 貨幣型基金**

主要投資於一年期以內的短期國債、央行票據、商業票據、大額存款單、回購市場、拆借市場等投資工具，其組合的剩餘期限在一百八十天以內，流動性好。

這種基金收益率與一年期銀行定期存款差不多，面對銀行的加息，投資該類基金有機會成本增大的風險。投資者不應該以貨幣型基金作為一種投資工具，只能是把自己的日常開支和備用金以貨幣型基金的形式存在即可，超過的部分應該取出來進行其他投資。

貨幣型基金的優點便是「虧本」的風險很小，當然它也不會獲得股票型基金那麼好的回報率。出於謹慎穩健性的考慮，那

些將全部資金投向股票型基金的投資者也應拿出部分資金投資於貨幣型基金。

# 9、如何巨額贖回基金

基金單個開放日，基金淨贖回申請超過上一日基金總份額的百分之十時，為巨額贖回。巨額贖回申請發生時，基金管理人可選擇下面兩種方式進行處理：

（1）全額贖回

當基金管理人認為有能力兌付投資者的贖回申請時，按正常贖回程序執行。

（2）部分延期贖回

基金管理人將以不低於基金單位總份數百分之十的份額按比例分配投資者的申請贖回數；投資者未能贖回部分，投資者在提交贖回申請時應做出延期贖回或取消贖回的明示。註冊登記中心預設的方式為投資者取消贖回。選擇延期贖回的，將自動轉入下一個開放日繼續贖回，直到全部贖回為止；選擇取消贖回的，當日未獲贖回的部分申請將被撤銷。延期的贖回申請與下一開放日贖回申請一併處理，無優先權並以該開放日的基金單位淨值為基礎計算贖回金額。

發生巨額贖回並延期支付時，基金管理人透過公開說明書規定的方式（如公司的網站、銷售機構的分行等），在公開說明

書規定的時間內通知投資者，並說明有關處理方法，同時在指定媒體上進行公告。

　　基金連續發生巨額贖回，基金管理人可以按照基金契約和公開說明書暫停接受贖回申請；已經接受（但未被確認）的贖回申請可以延緩支付贖回款項，但不得超過正常支付時間二十個工作日，並在媒體上進行公告。

# 10、基金的終止和清算

## （一）基金終止

　　投資基金的終止是指投資基金因各種原因不再經營運作，將進行清算解散。基金終止須依據有關法規和基金契約（公司型基金為基金公司章程）的規定。有下列情形之一的，基金應當終止：

　　（1）封閉式基金存續期滿未被批准續期的。

　　（2）原基金管理人和基金託管人職責終止，沒有新基金管理人和基金託管人承接的。

　　（3）基金合約或者基金章程規定的情形。

## （二）基金清算

　　基金終止時，應當組織清算小組對基金資產進行清算。清算小組作出的清算報告。

（1）**基金清算小組。**

①自基金終止之日起三個工作日內成立清算小組，基金清算小組在監督下進行基金清算。

②基金清算小組成員由基金發起人、基金管理人、基金託管人、具有從事證券相關業務資格的註冊會計師、具有從事證券法律業務資格的律師以的人員組成，基金清算小組可以聘用必要的工作人員。

③基金清算小組負責基金資產的保管、清理、估價、變現和分配，基金清算小組可以依法進行必要的民事活動。

（2）**清算程序。**

①基金終止後，由基金清算小組統一接管基金資產。

②對基金資產進行清理和確認。

③對基金資產進行估價。

④對基金資產進行分配。

（3）**清算費用。**

清算費用是指基金清算小組在進行基金清算過程中發生的所有合理費用，清算費用由基金清算小組從基金資產中支付。

（4）**基金剩餘資產的分配。**

基金清算後的全部剩餘資產扣除基金清算費用後，按基金持有人持有的基金單位比例分配給基金持有人。

# 第 3 章　基金新手必須掌握賣基金的方法

# 第 4 章

## 基金新手如何炒開放式基金

# 1、開放式基金與封閉式基金的區別

總的來說，開放式基金與封閉式基金各有所長，投資者在選擇這兩類基金之前要先了解這兩類基金的區別。

(1) 開放式基金的規模日日變動；封閉式基金的規模固定。

(2) 開放式基金以淨值作為申購和贖回的價格；封閉式基金的價格由市場供需關係決定，因此既有溢價的時候，也有折價的時候。在這樣的價格形成機制下，封閉式基金的價格波動會比開放式基金大，投資的機會相對更多。

(3) 就目前的市場情況來看，多數公司重視開放式基金，輕視封閉式基金，封閉式基金的「邊緣化」現象由此而生。

(4) 開放式基金可以透過券商、銀行的服務分行進行交易；封閉式基金只能夠透過券商分行在交易所系統進行，業務處理相對便捷。

(5) 開放式基金的交易成本較高；封閉式基金的交易成本較低。

(6) 就目前的市場發展狀況來看，開放式基金是發展的主要對象。但封閉式基金有折價的優勢，二○○七年是「封轉開」年，短期有不少機會。

毋庸置疑的是，開放式基金近些年來大受追捧。半年多以

來，如果你走進銀行，就會發現許多人在視窗諮詢和購買開放式基金；當你路過證券公司，也往往能看到長長的隊伍，那也是購買開放式基金的。即便是多年沒有消息的朋友、同學突然恢復了聯繫，寒暄之後，問的也多是基金和股票。開放式基金卓越的盈利能力已經為廣大投資者所追捧，也越來越被普通老百姓所熟知。

開放式基金相對於封閉式基金，具有如下優勢：

**流動性好**：投資人可以隨時申請申購和贖回開放式基金。而且，投資者進行買賣的對手方是基金管理公司，也就是說投資者是向基金管理公司購買或向基金管理公司賣出，這與一般的股票買賣要去尋找買賣的對手方不同。因此，在正常情況下，投資者不存在買不進或賣不出的情況。

**交易價格合理**：開放式基金的申購、贖回價格按照申請當日基金單位資產淨值加一定的手續費確定，不存在折價交易情況，對投資人有利。

**風險控制更有效**：由於投資人可以隨時購買和贖回開放式基金，並以基金管理人作為唯一的交易對手，而基金管理人主要收入是以基金淨資產為基準提取的基金管理費，這樣基金管理公司就面臨更大的壓力，促使基金管理公司更加精心的管理開放式基金，注重流動性等風險控制和管理，努力達成使投資者和基金管理公司雙贏的局面。

　　**資訊透明度高**：據現行有關法律法規規定，開放式基金的基金管理人應當於每個開放日公告前一開放日基金單位資產淨值，此外還要公布季報、半年報和年報，使投資人可了解開放式基金的運作情況，投資人可據此作出正確決策。

# 2、開放式基金與銀行儲蓄有何異同

　　開放式基金與銀行儲蓄具有很多相同的地方：首先二者的存取或申購與贖回都可以在同一商業銀行分支機構進行，不涉及其他機構和部門，存款者或投資者只須面對銀行辦理有關手續即可；其次，都可以隨時花費很小的成本兌換現金；最後，二者的收益都較為穩定。存款的收益為存款利息，其數額一般是固定的，在正常的情況下，利息收入是完全有保障的。投資開放式基金的收益是基金淨值的成長，基金管理者在操作的過程中，採用投資組合方式來最大程度的規避非系系統性風險，而且在成熟的市場上，基金管理者還可以透過風險對沖機制來規避系統性風險，所以投資開放式基金的收益在正常情況下也是比較有保障的，具有相對的穩定性。

　　二者雖然具有以上很多的相同之處，但仍然存在著本質的區別，透過下面的表格比較我們會看得更清晰：

| 比較項目 | 開放式基金 | 銀行儲蓄 |
|---|---|---|
| 資金投資方向 | 開放式基金將投資者的資金投資於證券市場,包括股票、債券等,透過股票分紅或債券利息來獲得穩定的收益,同時透過證券市場差價來獲得資本利得。 | 銀行將儲蓄存款的資金透過企業貸款或個人信貸的管道投放到生產或消費領域,以獲取利差收入。 |
| 合約 | 開放式基金將募集到的資金投放到證券市場,基金管理人只是代替投資者管理資金,基金合約屬於股權合約,基金管理者並不保證資金的收益率,投資者贖回基金的時候是按基金每份的淨值獲得資金。 | 存款合約屬於債權類合約,銀行對存款者負有完全的法定償債責任。 |
| 風險 | 基金管理者並不保證資金的收益率,其風險直接與證券市場行情和管理人的管理水準相關。 | 銀行儲蓄存款的風險比開放式基金的風險小得多。 |
| 收益 | 開放式基金的收益率在正常情況下比存款利率高,但是基金的收益是不固定的,當市場行情好、管理人管理得好時,基金的收益就會較存款利率高,反之則低。不同的基金的收益也各不相同。 | 銀行儲蓄存款的收益是利息,在一般情況下,無論銀行效益如何,利率都是相對固定的。不同銀行的存款利率水準基本是相同的。 |

| | | |
|---|---|---|
| 變現現金成本 | 開放式基金的贖回和申購則需要繳納一定費用，所以投資者的資金轉換是有一定的成本的。 | 銀行存款的存入和提取不需要支付任何費用。 |
| 管理資訊透明度 | 開放式基金管理人則必須定期向投資者公布基金投資情況和基金淨值，投資者隨時都可以知道自己的投資可以兌現多少現金。 | 銀行吸收存款之後，沒有義務向存款人披露資金的運行情況，一般情況下存款人對此也不關心。 |

是投資於開放式基金，還是以儲蓄的形式存到銀行，投資者不妨在充分比較二者的異同和優缺點的基礎上，根據個人資金量的多少、承受風險能力的大小、未來對資金的需求狀況等方面來安排資金的投放。

# 3、何時是買賣開放式基金的最佳時機？

　　市場時機的選擇是投資的一個重要影響因素。如果每次買賣的節奏正好吻合股市的波動，自然可以最大化投資收益。但**時機的選擇對投資收益的影響並不是決定性的。**

　　首先，要想判斷短期大盤的走勢，選擇一個最佳的投資開放式基金的時機，是一件非常困難的事情，任何人也無法做出完全準確的判斷。當我們談市場時機選擇的問題時，因為是回頭看，所以看得清市場的波動，因此可以講，應該在這個時點買進，那個時點賣出。而投資時，面對的是未來的市場，對於

上漲和下跌很難準確把握。當然，確實有人可以利用波段操作取得超額收益，但選時和做波段除了運氣，更需要專業。對於大部分平時要忙於日常工作的普通人來說，不要去羨慕別人的超額收益，而應該把精力更多的放在投資工具的選擇和資產的配置上。

其次，相對來說，投資者綜合自己的財務狀況、資金來源、資金成本、投資規模等因素採取分批投資的辦法是一種較好的策略。但對於持有大額資金的投資者需要注意的是，由於大多數的基金公司對大額投資者有一定的費率折扣，投資者在考慮分批投資的策略時，還應該測算費率折扣對投資成本的影響。

再次，投資基金，也不必像投資股票一樣，對時機問題那麼敏感。基金淨值雖然會隨著股市波動起伏，但基金有專業的投研團隊，基金經理會根據市場波動去調整，只要選擇了優質的基金，還是可以獲得不錯的收益的。從各類投資工具比較來看，基金是一個中間產品，收益和風險都處於中等水準，適合於中長期投資者。再說，基金買賣的手續費要比股票高得多，頻繁操作反而更容易導致損失。

擇時的問題給投資者的一個啟示是，需要使用現金時，應該提前做好規劃，預留出一段時間，這樣可以選擇一個相對高的時點贖回。

最後，從國外證券市場的走勢看，在何時進行開放式基金的投資對投資者的長期收益沒有太大的影響。

# 4、如何挑選開放式基金

開放式基金越來越受到投資者的青睞，但面對眾多基金品種，投資者該如何選擇適合自己的優質的基金呢？

面對開放式基金的時候，具體說來，投資者在選擇時應該考慮以下幾點：

(1) 首先，應該在已發行的基金中選出適合自己的投資基金，這是投資的第一步。

一般來說，收益型基金風險相對較小，平衡型基金風險居中，成長型基金風險較大。投資者應該根據自己對風險承受的能力進行慎重選擇。此外，還應該將相同類型的基金加以比較，並重點關注基金管理人的投資能力，看看基金過往是否一直保持良好的業績。因為基金管理人是決定基金業績的重要因素，選擇了素養高的基金管理人就等於成功了一半。

(2) 要明確自己所能承受的風險程度以及預期收益水準。

投資者所能承受的風險大小。一般來說，高風險投資的回報潛力也較高。然而，如果投資者對市場的短期波動較為敏感，便應該考慮投資一些風險較低、收益較為穩定的基金，如保本基金、貨幣基金；假使投資者的投資取向較為進取，並不

介意市場的短期波動，同時希望賺取較高的回報，那麼一些較高風險的基金或許更加符合投資者的需要，可以優先選擇股票型基金。股票型基金比較合適具有固定收入、又喜歡激進型理財的中青年投資者。承受風險中性的人宜購買平衡型基金或指數基金。與其他基金不同的是，平衡型基金的投資結構是股票和債券平衡持有，能確保投資始終在中低風險區間內運作，達到收益和風險平衡的投資目的。

（3）基金的投資期限是否與你的需求相符。

一般來說，投資期限越長，投資者越不用擔心基金價格的短期波動，從而可以選擇投資較為積極的基金品種。如果投資者的投資期限較短，則應該盡量考慮一些風險較低的基金。

（4）要在較長的一段時間內，考查基金管理公司是否值得信賴，以及基金經理是否具有足夠的專業知識和豐富的投資經驗。

因為投資基金與投資股票有所不同，千萬不能抱著一夜致富的心態來投資開放式基金。更不能像玩股票那樣天天關心基金的淨值是多少，準備隨時贖回。評價一檔基金的業績，一定要放在一個較長的時間段內去觀察，只有經得起時間考驗的基金，才是好的選擇。

（5）選擇合適的購買時機

其實投資基金和投資股票一樣，也要選擇一個合適的投資時機。如果投資時機選擇的不好那麼得到的收益必然會大打折

扣，比如即使買進的基金各方面都好但是市場行情不好，那麼得到的收益會比在好的行情下獲得的收益要低甚至會出現套牢。

**(6) 基金的費用水準是否適當。**

如果投資者能使用以上的評估要點對市場上的各檔基金進行仔細的比較，相信投資者一定能從數量眾多的基金當中，挑選出最適合你的基金。

**(7) 建議結合組合投資**

在股市上漲到一定程度時，為了減少風險，可以適當買一些新基金，而股市下跌時，可以多買一些業績好的老基金；基金淨值較高時可以少買一些，低的時候可以買多一點，這種新老搭配、多少結合的方式會更加有利於分散風險，增加收益。

**(8) 基金的投資目標是否與你自己的投資目標相符**

例如：每個人的投資目標跟年齡、收入、家庭狀況等因素有很大的關係（一般而言）。年紀輕時適合選擇風險高收益高的基金，而即將退休時適合選擇風險較低收益穩定的基金。

# 5、開放式基金的認購流程

### 第一步：辦理開戶

### (一) 個人投資者開戶手續

個人投資者申請開立基金帳戶一般須提供以下資料：

(1) 本人身分證件；

(2) 代銷分行當地城市的本人銀行活期存款帳戶或對應的金融卡；

(3) 已填寫好的帳戶開戶申請表。

## (二) 機構投資者開戶

機構投資者可以選擇到基金管理公司或基金管理公司指定的可辦理代理開戶的代銷分行辦理開戶手續：

機構投資者申請開立基金帳戶須提供以下材料：

(1) 已填寫好的基金帳戶開戶申請書；

(2) 企業法人營業執照副本正本及影本，事業法人、社會團體或其他組織則須提供民政部門或主管部門頒發的註冊登記書正本及影本；

(3) 指定銀行帳戶的銀行開戶許可證或開立銀行帳戶申報表正本及影本；

(4) 法人授權委託書；

(5) 加蓋預留印鑑的預留印鑑卡；

(6) 前來辦理開戶申請的機構經辦人身分證件正本。

開戶注意事項：

由於不同的開放式基金在發布公開說明書時內容各不相同，因此，具體的開戶注意事項應以對應的基金公告的為準。

## 第二步：認購

### （一）個人投資者認購流程

個人投資者認購基金必須提供以下材料：

（1）本人身分證件；

（2）基金帳戶卡（投資者開戶時代銷分行當場發放）；

（3）代銷分行當地城市的本人銀行借記卡（卡內必須有足夠的認購資金）；

（4）已填寫好的銀行代銷基金認購申請表（個人）。

### （二）機構投資者認購流程

直銷中心認購流程：

機構投資者認購基金必須提供以下材料：

（1）已填寫好的認購申請書；

（2）基金帳戶卡；

（3）匯款認購資金的貸記憑證影本或電匯憑證單影本；

（4）前來辦理認購申請的機構經辦人身分證件正本。

繳款：

機構投資者申請認購開放式基金，應先到指定銀行帳戶所在銀行，主動將足額認購資金從指定銀行帳戶以「貸記憑證」或「電匯」方式，按規定劃入「基金管理人申購專戶」，並確保在規定時間內到帳。

代銷分行認購流程：

機構投資者認購基金必須提供以下材料：

(1) 已填寫好的銀行代銷基金認購申請表；

(2) 基金帳戶卡；

(3) 在代銷銀行存款帳戶中存入足額的認購資金；

(4) 經辦人身分證件正本。

### 第三步：確認

投資者可以在基金成立之後向各基金銷售機構諮詢認購結果，並且也可以到各基金銷售網站列印成交確認單；此外，基金管理人將在基金成立之後按預留地址將客戶資訊確認書和交易確認書郵寄給投資者。

# 6、開放式基金的申購與贖回

開放式基金募集期結束後，通常會經歷一段短暫的封閉期。封閉期結束後，開放式基金將進入正常的申購與贖回期。理論上說，開放式基金的存續期是永久的，即投資者可以永久的進行該基金日常的申購與贖回。投資人購買基金份額的行為稱為申購；投資人（基金份額持有人）要求基金管理人購回其所持有的基金份額的行為稱為贖回。不同基金費用種類、標準不同，具體需要查閱基金的契約或者公開說明書。申購開放式基金單位的份額和贖回基金單位的金額依據申購贖回日基金單位

# 第4章 基金新手如何炒開放式基金

資產淨值加、減有關費用計算。由於作為計算申購和贖回價格依據的當日基金單位資產淨值，要等到當日證券市場交易結束後才能確定，因此，投資者申購或贖回基金時並不知道其交易價格，因此稱作未知價法。

## （一）基金的申購

基金申購份額確認與認購份額確認方式相似，申購金額扣除申購費用後，除以申購日當日基金份額淨值來確認申購份數。申購同樣存在前端收費與後端收費兩種模式。實際上，後端收費模式的意義主要在於，申購費率會隨著基金持有年限增加而逐年遞減，甚至不再收取申購費用，適合於長期投資者。具體收費方法及費率規定須以基金合約中的規定為準。

**申購份額 = 淨申購金額 / 申購當日基金單位資產淨值**

例：小劉投資 100,000 元申購某開放式基金，對應費率為 1.5%，假設申購當日基金單位資產淨值為 1.0152 元，則其可得到的申購份額如下：

淨申購金額 =100,000÷（1+1.5%）=98,522.1675 元

申購費用 =100,000-98,522.1675=1,477.8325 元

申購份額 =98,522.1675÷1.0152=97,047.0523 份

即：小劉投資 10 萬元申購某開放式基金，假設申購當日基金單位資產淨值為 1.0152 元，則可得到 97,047.0523 份基金單位。

## （二）基金的贖回

基金贖回是申購的反過程，即賣出基金單位收回資金的行為。與申購過程類似，投資人可以透過直銷和代銷機構向基金公司發出贖回指令，進行贖回。雖然各基金管理公司的業務細則會有所差異，但大體分為以下幾個步驟：

（1）**發出贖回指令**：客戶可以透過傳真、電話、網路等方式，或者親自到基金公司直銷中心或代銷機構分行下達基金贖回指令。

（2）**贖回價格基準**：基金的贖回價格是贖回當日的基金淨值，加計贖回費 。假定某投資者贖回某基金 1 萬份基金單位，其對應的贖回費率為 0.5%；如果當日基金單位資產淨值為 1.0198 元，則其實際可得到的贖回金額為：

贖回費用 =1.0198× 10,000 × 0.5%=50.99 元

贖回金額 =1.0198× 10,000–50.99=10147.01 元

也就是說投資者贖回某基金 1 萬份基金單位，若該基金當日單位資產淨值為 1.0198 元 ，則其可得到的贖回金額為 10,147.01 元。

（3）**領取贖回款**：投資人贖回基金時，無法在交易當天拿到款項，該款項一般會在交易日的三至五天、最遲不超過七天後贖回。投資人可以要求基金公司將贖回款項直接匯入其在銀行的戶頭，或是以支票的形式寄給投資人。

此外，開放式基金的贖回還有巨額贖回的限制。當遇到巨額贖回時，你有可能當日得到全部贖回，或者當日得到部分贖回，也有可能被延期支付。延緩支付的贖回款項應在二十個工作日內支付。發生巨額贖回並延期支付時，基金管理人應當透過郵寄、傳真或者公開說明書規定的其他方式，在公開說明書規定的時間內通知基金投資人，說明有關處理方法，同時在指定媒體上公告；通知和公告的時間，其通知時限最長不得超過三個證券交易所交易日。

# 7、開放式基金的封閉期

基金在發行期間發生的購買行為叫認購。發行結束後，如果產品成功募集足夠資金則在宣告基金合約生效後，會有一段時間不接受投資人申購基金份額申請以及贖回申請。基金成立後的這一段不接受贖回的時間段就是開放式基金的封閉期。

設定「封閉期」的目的有兩個：一個是為了方便基金的後台（登記註冊中心）為日常申購、贖回做好最充分的準備；另一方面基金管理人可將募集來的資金根據證券市場狀況完成初步的投資安排。

因為新設立的基金需有相對較長的一段期間逐步依市場狀況完成持股的布局，所以基金合約中一般都設有封閉期的規定。

基金的封閉期如果過短，會出現基金尚未完成布局即必須

應付贖回的問題，這樣會影響基金單位淨值及投資者的權益，所以封閉期過短可能相對風險較大。基金投資應以長期為宜，投資者不應以封閉期的長短作為選擇基金的標準。

在認購期內，投資者的資金將計算相應利息並轉換為基金份額。而進入封閉期後，投資者的認購資金已經轉換為基金份額，基金份額不計利息，由於基金已經開始投資運作，因此可能會產生投資收益。投資者可以透過查詢基金份額淨值來了解。

# 8、巧用基金轉換

隨著新基金的不斷發行，手裡持有兩個甚至數個基金的投資者不在少數，越來越多的基金操盤手開始為手中的多個基金煩惱，不知道哪個基金好，哪個基金不好。基金操盤手怎樣才能對基金轉換更得心應手呢，下面，先看看兩個典型基金操盤手「裝傻」案例：

**投資人「裝傻」案例：**

**錯失良機型**

某年六月四日○○證指數大幅下挫三百多點，投資者小孟認為買入的機會來了，他打算趕緊把手裡的貨幣市場基金換成股票型基金。通常股票型基金的贖回款需要四至七個工作日回到投資者的帳戶上，贖回貨幣基金的款項到帳也需要二至四個工作日。因此，就算小孟當天贖回貨幣基金，資金到帳後馬

上申購股票基金，他最快也要等到六月六日才能進行申購，而這時的○○證指數已經反彈了一百多點，小孟錯過了最佳的買入時機。

### 「花冤枉錢」型

另一位投資者小孫對自己持有的一檔股票型基金的收益狀況不太滿意，但是他對目前這家基金公司的印象還不錯，於是他打算把手頭這檔基金換成這家公司的另一檔股票型基金。如果它採用贖回再申購的方式，因為持有時間不滿一年，他在贖回時要承擔百分之零點五的費率。然後再申購另外一檔基金，還要再承擔百分之一點五的申購費率，此時累計的費率已經高達百分之二。

發生在這兩個投資者身上的故事，就沒有更好的解決方案嗎？當然不是，學會用基金轉換就可以輕易解決了。

基金轉換是指投資人將其持有的全部或部分基金份額，轉換為同一基金管理人管理的其他開放式基金份額。即投資者賣出一檔基金的同時，又買入該基金管理公司管理的另一檔基金。基金管理公司設立了轉換費率，通常情況下，基金轉換的費率要比客戶先贖回持有基金，再進行申購交易時所發生的費用總和要便宜。轉換不止在費率上存在優勢，在投資時效性方面也優於先贖回再申購的方式。

比如投資者小孟的這個案例，如果他贖回再申購，就會錯

過投資良機，但如果他直接辦理了轉換業務，在他提交轉換申請的第二個工作日就可以將貨幣基金轉換成他想要的股票基金了，這樣不但節省了時間，而且更好的把握了投資時機。

而對於小孫來說，做轉換則可以幫助他大大減少成本。我們以○○基金的轉換規則為例，○○基金目前不對旗下股票型和混合型基金之間的轉換收取轉換費，也就是說，小孫可以不花一分錢就實現對投資品種的轉換。

基金轉換時，轉出及轉入基金都以交易日當日基金淨值分別計算 ── 轉出基金根據交易日當日淨值折算出轉出基金當日市值；轉入的基金也要根據當日淨值來計算轉入份額。轉入、轉出基金都是以交易日 T 日淨值成交的。

轉換費用的確定：基金轉換時，已轉出基金份額與交易日當日淨值確定轉出基金交易日當日市值；轉出基金當日市值乘以轉換費率計算出轉換費用。

**轉換費：轉出基金份額 × 轉出基金交易日份額淨值 × 轉換費率**

轉換份額的確定：轉出基金市值扣除轉換費用後為轉入基金確認金額。確認金額除以交易日當日轉入基金的基金淨值，折算出轉換後轉入基金的確認份額。

**轉入基金份額：（轉出基金份額 × 申請日轉出基金份額淨值－轉換費）／申請日轉入基金份額淨值**

　　如果想當天在基金之問相互轉換，需要滿足幾個條件。首先，基金轉換只能在同一基金管理公司的基金之間轉換，而且必須是同一個 TA 帳戶。

　　其次，不同基金的轉換需要基金公司開放轉換功能，哪幾檔基金之間可以轉換是嚴格限制的。基金之間的相互轉換還受到基金本身的條件限制，如果兩檔基金之間本來是可以相互轉換的，但是基金公司隨時可以停止這種轉換，也隨時可以恢復轉換。如其中的一檔基金由於規模控制，不希望規模過大，基金可以暫停申購，那麼這檔基金也就不能被轉換了。當然這些資訊基金公司會及時公告，並且在基金公司網站都可以查到相關資訊。

　　基金轉換是一種非常實用的投資技巧，但是卻經常被大家忽略。如果您還是習慣於先贖回一家基金公司的基金再買入同一家基金公司的另一檔基金，那麼不妨就從現在開始，嘗試一下省時、省心又省錢的新方法。

# 9、開放式基金的轉託管

　　轉託管指同一投資人將託管在某一個銷售網站的基金份額轉出至另一銷售網站的業務（但轉入機構須可以代理銷售需要進行轉託管的基金）。轉託管費指投資人在辦理基金單位在不同銷售機構的交易帳戶間的轉託管業務時支付的費用。

　　轉託管分為一步轉託管和兩步轉託管兩種模式，一步轉託管為投資人只需要在轉出方辦理轉託管業務即可而無須在轉入方辦理轉託管轉入，兩步轉託管為投資人既需要在轉出方辦理轉託管轉出業務亦需要在轉入方辦理轉託管轉入業務，以下為這兩種轉託管的辦理流程：

　　(1) 一步轉託管：投資人當日先在轉入方銷售機構的營業分行辦理基金帳戶註冊業務，取得基金帳戶註冊的相關資料，然後在轉出方銷售機構的營業分行辦理轉託管，投資人需要提供轉入方的銷售機構代號和分行代號以及轉託管的基金代號和基金份額，有的銷售機構還需投資人輸入投資人在轉入方的基金交易帳戶號碼。投資人可於 T+2 日在轉入方的營業分行查詢基金份額是否到帳。 (2) 兩步轉託管：投資人當日在轉出方銷售機構的營業分行辦理轉託管轉出，投資人需要提供轉入方的銷售機構代號和分行代號以及轉託管的基金代號和基金份額，取得轉託管轉出委託的相關資料（必須要有原申請單編號），然後當日在轉入方銷售機構的營業分行辦理基金帳戶註冊業務以及轉託管轉入，投資人需要提供轉出方的銷售機構代號以及轉託管的基金代號、基金份額和原申請單編號，投資人可於 T+2 日在轉入方的營業分行查詢基金份額是否到帳。

# 第 4 章 基金新手如何炒開放式基金

**開放式基金轉託管申請表（範例）**

（塗改無效）

> 申請日期： 年 月 日
>
> 提示：投資人在填寫此申請表前必須認真閱讀所購買基金的
> 公開說明書、基金契約及本表附屬條款。
>
> 投資人填寫
>
> 轉託管方式 □ 內部轉託管 □ 外部轉託管
>
> 基金帳號交易帳號
>
> 申請人姓名 /
>
> 機構名稱
>
> 申請人 / 經辦人
>
> 證件類型
>
> 申請人 / 經辦人
>
> 證件號碼
>
> 對方交易帳號對方銷售商名稱
>
> 基金名稱基金代號基金份額（份）
>
> 轉託管
>
> 內容
>
> 經辦人姓名
>
> 聯繫電話

申請人聲明

本人（本機構）已了解國家有關開放式基金的法律、法規及相關政策，願意接受本系列基金的基金契約、公開說明書及本表附屬條款的約束。本人（本機構）保證所提供的資料真實、有效，並自願履行基金投資人的各項義務，自行承擔基金投資風險，確認本申請表所填資訊的真實性和準確性。特此簽章。

申請人簽章：　　　　　　　　　　經辦人簽章：

（機構申請人需在此加蓋預留印簽章）

　　　　年　　　月　　　日

以下內容由直銷中心填寫

客戶經理（經理人）　　　　　　　中心蓋章

　　注：以上資訊僅代表您的申請已被接受，並非確認成交。最終結果以本公司登記註冊機構的確認為準。您可以在 T+2 日（自申請接受之日起第二個工作日）到本直銷中心進行查詢或列印「交易清單」，也可以透過本公司網站或客戶服務電話進行查詢。

# 10、投資開放式基金的有祕訣嗎

　　投資基金的獲利祕訣在於追求長期成長的收益，頻繁的短線進出並不適用於開放式基金投資，反而會白白損失手續費，

因此投資人最好事先做好中長期投資的規劃。

### 祕訣一：不要借錢投資

盡量不要借錢投資，長期投資中難免有下跌行情，以免為利息負擔和短期套牢所累。

### 祕訣二：作好長線準備

大部分成功的投資人都有長遠的投資計畫。長期投資，您就可以讓資本有時間增值，也可以克服短期的波動。一般而言，股市的短期波動性很大，但如果投資的時間足夠長，就可以避免短期波動的風險，再加上專業基金經理的選股和操作，長期下來就會有較大的勝算。

### 祕訣三：多元化

如果您的資金足夠多，您可以考慮根據不同基金的投資特點，分散投資於多個基金。這樣，倘若某基金暫時表現欠佳，透過多元化的投資，不理想的表現便有機會被另一基金的出色表現所抵消。

### 祕訣四：不要進行過度頻繁的操作

有別於投資股票和封閉式基金短線進出的操作方式，開放式基金基本上是一種中長期的投資工具。這是因為股票和封閉式基金的價格都受市場供需的影響，短期波動性較大，而開

放式基金的交易價格直接取決於資產淨值，基本不受市場炒作的影響。因此，太過短線的搶時機進出或追漲殺跌不僅不易賺錢，反而會增加手續費，增加成本。

### 祕訣五：確實了解所選擇投資基金的特性

在作出投資決定之前，您需要先了解個人的投資需要和投資目標。在選擇基金時，您需要仔細閱讀基金的基金契約、公開說明書或公開說明書等文件，並從報紙、銷售網站公告或基金管理公司等正規途徑了解基金的相關資訊，以便真實、全面的評估基金和基金管理公司的收益、風險、過往業績表現等情況，以免選擇不合自己的基金品種。

### 祕訣六：定期檢討自己的需要和情況

儘管我們應該作長線投資，但也需要根據年齡成長、財務狀況或投資目標的改變而更新自己的投資決定。大部分成功的投資人在儲蓄和投資的初期都會追求較高的盈利，而隨著時間的推移，會逐漸轉向比較穩健的投資。

# 11、輕鬆讀懂你的對帳單

基金對帳單通常由基金管理公司提供，定期郵寄給投資者。對帳單的內容設置主要包括三大類：客戶個人資料；基金帳戶餘額；基金歷史交易明細。

# 第4章 基金新手如何炒開放式基金

客戶個人資料包括用於寄送對帳單的郵政地址、客戶姓名，帳單內通常還會標示客戶的基金帳號。

基金帳戶餘額和基金歷史交易明細都是對投資人帳戶資訊的匯總，內容包括：基金名稱、代號、收費方式、分紅方式、份額淨值。兩種列表各有側重，基金帳屍餘額是對基金投資人名下單檔基金的總份數、市值進行匯總，其中對帳日市值標示截至列印帳單日，投資人投資基金品種的市值情況；歷史交易明細是對投資人每次交易情況進行記錄，內容包括每次交易的業務類型，交易日的份額淨值，交易確認的金額、份數，交易手續費及銷售機構。投資人可透過閱讀對帳單，掌握近期帳戶情況。

目前大部分基金管理公司可以寄送月度、季度、年度對帳單。在投資人臨時有需要時，也可以要求基金管理公司臨時列印和寄送。

投資者除了可以收到紙質帳單外，大部分基金管理公司也提供電子版對帳單，透過電子郵件郵遞基金對帳單。部分基金管理公司還開展了簡訊查帳戶等服務。投資人同樣還可以登錄基金管理公司的網站，對自己的帳戶情況進行即時關注，自行下載、列印帳戶資訊。

# 12、投資開放式基金的六個盲點

## 盲點之一：把保本作為購買開放式基金的尺規

保本基金是指在基金產品的一個保本週期內，投資者可以拿回原始投入本金。保本基金的推出引起了廣大投資者的關注，許多人就沖著「保本」這兩個字來購買基金的，認為購買這種基金能保證投資「本錢」的絕對安全。但他們往往忽略了保本基金保本的一個重要前提，即若提前贖回，則不能享受「保本」待遇。

這些投資者如果仔細閱讀發行公告就會發現，保本基金並非是絕對保本的。多數保本基金的定義是「投資者在發行期內購買，持有三年期滿後，可以獲得百分之百的本金安全保證」，投資者應注意是「三年之後」，也就是說，三年之內你需要用錢的話，照樣要承擔基金漲跌的風險和贖回手續費，並且保本基金如果遇到債券市場不好，或基金公司過多進行博弈操作，就有可能發生虧損。因此，保本基金與基金公司的運作情況和擔保方的實力有很大的關係，投資者購買基金不能只看其名字叫什麼保本、增值、貨幣，關鍵要看基金公司的信譽和經營水準。

## 盲點之二：買開放式基金沒有風險

隨著開放式基金的淨值不斷成長，數月內上漲百分之十的基金比比皆是，廣大居民投資基金的熱情空前高漲，有些退休

# 第 4 章　基金新手如何炒開放式基金

職工還把自己的「保命錢」投入了基金市場。因為許多投資者認為開放式基金是透過各大國有商業銀行發行，絕對不會有風險。其實，各銀行只是為基金公司代理開放式基金的申購和贖回業務，基金盈虧全看基金公司的運作水準，前兩年曾有運行不善的基金淨值跌到零點八元以下，形成了投資虧損風險。因此，理財專家提醒廣大投資者，開放式基金並非是儲蓄的替代產品，其風險雖然低於股市，但穩當性、變現的靈活性均不如儲蓄，在教育、養老、醫療等方面壓力較大的人投資基金應謹慎。

## 盲點之三：開放式基金只能在發行的時候買

開放式基金之所以叫「開放式」是相對封閉式基金來說的，其基金規模的大小是「開放」的。去年發行的時候基金規模是四十億，受市場供需關係影響，今年可能會擴大為五十億，也可能會因遭遇大額贖回而變成三十億。由此看出，購買開放式基金並非是在發行期內才能進行認購，如果你認為已經發行一年多的某某基金經營效益好，具有投資價值，你可以到銀行開立基金帳戶和金融卡，直接以當前價格申購這種基金，只是申購的費用略高於發行認購時的費用。

## 盲點之四：開放式基金具有「投機」價值

一些基金操盤手尤其是新入市的投資者往往把基金當成股

票來短期炒作，一旦股市調整就大比例贖回基金，如此短線頻繁的追漲殺跌，收益並不理想。雖然開放式基金淨值的變化一般是跟著深滬股市的指數走，股市好的時候，基金淨值就成長，反之就下降。不過，基金畢竟不同於股票，那種認為買基金和股票一樣，高拋低吸才能賺更多錢的觀點，是不可取的。

基金專家說：股票像商品，其價格受市場供需的影響而波動；而基金是貨幣，其價格由其價值決定，與市場供需沒有關係，也就是說開放式基金不具備投機性。所以，儘管基金淨值與股市密切相關，但股市「投機」的理念卻不適合開放式基金。

另外，買賣基金的手續費比炒股高出很多，有的基金能達到百分之三，基金一月之內漲了百分之二，你可能認為比銀行一年定期儲蓄利息還高，賣出落袋為安吧，可最後一算帳，不但一分沒有賺，還賠了錢。所以，開放式基金不應頻繁的申購、贖回，必須用投資的理念來操作。

### 盲點之五：為基金分紅後的淨值下降而擔憂

開放式基金分紅之後，基金淨值會出現一個突然下降的現象，一般情況下都是分多少紅利，基金淨值就減少多少。這時就有許多基金操盤手為基金分紅後暫時的淨值下降而擔憂，把這種情況理解為是投資者給自己發錢，這種觀點也是錯誤的。雖說分紅後開放式基金的淨值會下降，但基金的累計淨值依然是不變的，並且隨著後續收益的增加，基金的淨值和累計淨值

會穩步成長，一段時間之後走出「填權」行情，這時你的紅利就成了實實在在的收益。所以關鍵要看基金的累計淨值是不是在穩步成長，也就是看它累計給投資者帶來了多少回報。

## 盲點之六：盲目信賴基金宣傳品，崇拜基金經理

不應盲目信賴基金宣傳品，崇拜基金經理。為了加大基金產品的行銷和推廣的力度。目前的開放式基金行銷宣傳單內容是應有盡有，各種形式的宣傳品是一應俱全。不管基金成立後的運作業績怎樣，但就看宣傳單，就足以讓投資者流連忘返。有些基金公司在設計宣傳內容時，對基金經理的過往業績和運作基金的能力，進行大篇幅的介紹和推薦。從而提高產品的知名度和影響力。一旦基金成立後，基金的運作狀況卻與宣傳單內容大相徑庭。基金經理也頻繁更換。這些因素在基金成立後都會變得不穩定起來。因此，投資理事會的辦法，不失為一種投資基金的選擇要素。

# 第 5 章

## 基金新手如何炒封閉式基金

# 第 5 章　基金新手如何炒封閉式基金

# 1、封閉式基金的發展

封閉式基金屬於信託基金，是指基金的發起人在設立基金時，事先確定發行總額，籌集到這個總額的百分之八十以上時，基金即宣告成立，並進行封閉，在封閉期內不再接受新的投資。例如：○○基金一九九八年設立，發行額為一百億基金，存續期限（封閉期）十五年。也就是說，○○基金從一九九八年開始運作期限為二十年，運作的額度一百億，在此期限內，投資者不能要求退回資金、基金也不能增加新的份額。封閉式基金有固定的存續期，期間基金規模固定，一般在證券交易場所上市交易，投資者透過次級市場買賣基金單位。

儘管在封閉的期限內不允許投資者要求退回資金，但是基金可以在市場上流通。投資者可以透過市場交易套現。

封閉式基金單位的流通方式採取在證券交易所掛牌上市交易的辦法，投資者買賣基金單位，都必須透過證券商在次級市場上進行競價交易。

由於封閉式基金在證券交易所的交易採取競價的方式，因此交易價格受到市場供需關係的影響而並不必然反映基金的淨資產值，即相對其淨資產值，封閉式基金的交易價格有溢價、折價現象。國外封閉式基金的實踐顯示其交易價格往往存在先溢價後折價的價格波動規律。從封閉式基金的運行情況看，無論基本面狀況如何變化，封閉式基金的交易價格走勢也始終未

能脫離先溢價、後折價的價格波動規律。另外，在歐美國家一百多年的基金發展史中，一直是封閉式基金獨占鰲頭，直到一九八〇年代後才讓位於開放式基金而居次席。

# 2、買開放式基金還是買封閉式基金

開放式基金與封閉式基金各具優缺點，因此在投資選擇上並不存在非此即彼的問題。兩種基金的不同特點決定了它們會對投資者產生不同的吸引力：

## (1) 按投資習慣進行選擇

開放式基金的買賣可以透過銀行等傳統金融機構進行；與此不同，封閉式基金在交易所上市交易，其買賣必須透過證券公司進行，需要開設基金交易帳戶和資金帳戶，儘管手續並不複雜，但卻會使部分投資者望而卻步。

## (2) 按是否喜歡波段操作選擇

開放式基金的買賣是以基金的單位淨值為基礎的，每日唯一淨值，波動不大。這被一些投資者認為是對其投資利益的一種非常重要的保障。封閉式基金的買賣價格則完全由市場供需決定，次級市場交易買賣價格會存在較大的波動。一些投資者可能不喜歡這種價格的波動性，但另一些投資者則可能從中找到投資機會。

### （3）按投資服務進行選擇

由於開放式基金規模是可變的，基金管理公司為了不斷吸引新的申購，提取更多的管理費，因此，對開放式基金持有人的滿意度更為看重，會不斷提高開放式基金的經營管理和服務水準。封閉式基金則是「一錘子」買賣，由於沒有贖回壓力，部分基管理金公司在封閉式基金服務的提供上要遜色得多，甚至有個別公司把經驗豐富的基金經理抽調到開放式基金，讓新的基金經理拿封閉式基金練手。

### （4）按投資基金的回收進行選擇

開放式基金一般情況下可以完全滿足投資者的贖回要求，而且贖回價格通常並不會因為贖回量的大小而受到影響，因此具有較好的流動性。與此不同，當投資者要求賣出封閉式基金時，須進行掛單交易，賣單可能會由於交易清淡而無法成交，或者必須以較低的價格才可能成交。

## 3、如何購買封閉式基金

封閉式基金開戶及購買具體步驟如下：

封閉式基金的基金單位像普通上市公司的股票一樣在證券交易市場掛牌交易。因此，跟買賣股票一樣，買賣封閉式基金的第一步就是到證券營業部開戶，其中包括開立基金帳戶和資

金帳戶（保證金帳戶）。

如果是以個人身分開戶，須帶上身分證件，作為開戶證件。

在開始買賣封閉式基金之前，須先向所在券商聯網的銀行存入現金，然後到證券營業部將存摺裡的錢轉到保證金帳戶裡。資金成功匯款後，就可以透過證券營業部委託申報或透過電話委託等券商提供的申報方式進行買入和賣出基金的交易了。

有些投資人已開有股票帳戶，那麼就不需要另外再開立基金帳戶了，原有的股票帳戶可以用於買賣封閉式基金。

# 4、封閉式基金為何有折價

雖然自二〇〇五年六月以來，封閉式基金在次級市場走出了波瀾壯闊的價值回歸行情，整體漲幅約百分之兩百五十，但目前封閉式基金仍普遍存在較高的折價。

封閉式基金設立後，投資者持有的基金份額可以到證券交易所上市交易，但基金的規模不再變動，所以稱之為「封閉式」基金。也就是說，開放式基金的「份額買賣」是在投資者與發起這檔基金產品的基金公司之間進行的，而封閉式基金的「份額買賣」是在投資者之間進行的。

封閉式基金的定價是在證券交易所即次級市場投資者的買賣過程中，根據供需關係形成的。封閉式基金的淨值是根據基金的投資情況，按照基金總資產除以基金總份額算出的，是每

# 第 5 章　基金新手如何炒封閉式基金

一份基金份額實際代表的基金資產額。價格與淨值不符是由供需關係決定的。

　　目前封閉式基金的價格大多低於淨值，即主要是折價交易，而在封閉式基金成立之初也曾出現過溢價交易的情況。開放式基金的申購贖回是根據淨值計算的，而封閉式由於是投資者之間的買賣，所以價格受到供需關係的影響。當封閉式基金在次級市場上的交易價格低於實際淨值時，這種情況稱為「折價」。

　　**折價率＝（單位份額淨值－單位市價）／單位份額淨值**

　　根據此公式，折價率大於 0（即淨值大於市價）時為折價，折價率小於 0（即淨值小於市價）時為溢價。除了投資目標和管理水準外，折價率是評估封閉式基金的一個重要因素。

　　歐美解決封閉式基金大幅度折價的方法有：封閉轉開放、基金提前清算、基金要約收購、基金單位回購、基金管理分配等。

　　例如某封閉式基金市價 0.8 元，淨值是 1.20 元，我們就說它的折價率是（0.8 － 1.20）／ 1.20 ＝－ 33.33%。

　　封閉式基金價格為何經常低於其淨值呢？這是一個在專業的基金研究領域中也存在一定爭議的問題，簡單的說，封閉式基金之所以會出現折價，主要是受下面因素的影響：封閉式基金的收益預期存在不確定性，投資者需要一定的折價來補償這

種不確定性帶來的風險。

封閉式基金的一個重要特點就是它有一個事先約定的到期期限，比如十年或二十年，在封閉期內投資者是不能按照基金淨值申購贖回的，基金淨值所代表的資產只有在基金到期後清盤或者轉開放後才能完整贖回。這樣就等於是說，投資者把一筆錢交給基金管理人，只有在十年或二十年後才能全部拿回來，而且基金管理人還不保證收益。如果在此之前市場整體大幅下跌，則基金資產也會不可避免的遭受損失。此時投資者若按照與基金淨值相等的價格在次級市場買入，在市場出現下跌的背景下，投資者將會冒較大的風險。因此，投資者必然要求封閉式基金的次級市場價格能夠給予一定的補償，才能抵消自己所冒的風險，這樣的預期必然導致封閉式基金的次級市場交易出現一定的折價，否則將不會有投資者願意買入。

開放式基金在流動性上的優勢，使得流動性較差的封閉式基金不得不存在一定的折價。既然開放式基金可以隨時按照淨值申購贖回，在收益率相當的情況下，若封閉式基金沒有折價，相信任何一個理性的投資者都會去買開放式基金，而不會選擇封閉式基金。

基金管理人能否公平的對待旗下的開放式基金和封閉式基金，也是一個曾經困擾封閉式基金持有人的問題。由於封閉式基金不接受申購贖回，在到期前，其規模不會變化；而開放式

基金隨時會面對持有人的贖回，如果業績回報和服務不能讓持有人滿意，他們隨時可能走人，這使得基金管理公司往往會在開放式基金上下更多的功夫，封閉式基金基本上被邊緣化了，甚至還有管理人利用封閉式基金替旗下管理的勞保組合與開放式基金接盤的傳聞，持有人的利益顯然受到了較大的危害，這都影響了投資者對封閉式基金的信心。

# 5、哪些因素能影響折價高低

美國封閉式基金在一九七〇年代中前期也曾經出現過折價率超過百分之四十的情況，但由於在制度上的創新與完善，情況迅速改觀。目前，美國的股票型封閉式基金既有折價交易的，也有溢價交易的，折價交易的封閉式基金數量與溢價交易的封閉式基金數量大致相當。這幾年美國封閉式基金的平均折價率在百分之五以內，一些業績優良、分紅能力強的封閉式基金溢價甚至超過百分之三十。導致封閉式基金折價率比較大的主要原因有：投資的市場比較低迷、風險較大、業績較差。

雖然我們了解了封閉式基金折價問題的一般原因，具體到每一支封閉式基金，為何它的折價率有高有低，很多投資者可能還有一定的疑問。

影響基金折價率的基本因素主要有：

（1）**基金管理人的投資管理能力**。

對於業績較好的基金，投資者會在次級市場上表現出更強的買入信心。但是這一點對折價率的影響不是特別大。

（2）**市場預期的好壞**。

如果市場處於牛市中，封閉式基金淨值也會隨之不斷上漲，投資者對於基金未來的收益預期會相當樂觀，此時，往往願意以更高的價格在次級市場上買入封閉式基金，這樣就會導致折價率不斷下降；如果市場進入熊市，多數基金的淨值也可能出現不同程度的下跌，投資者預期轉向悲觀，封閉式基金的折價率會不斷攀升。

（3）**到期年限的長短**。

如同市場上的蔬菜，越新鮮的價格越高。通常來說，距到期日近的封閉式基金折價率較低，而距到期日較遠的封閉式基金折價率較高。這是因為，距到期日越近，投資人相應承擔的風險也就越小。在目前的封閉式基金市場上，到期日較久的長期基金基本都是份額規模在二十億以上的大盤基金，到期日近的短期基金基本都是份額規模在五億八億的小盤基金。

目前封閉式基金折價仍然偏高，封閉式基金的分紅與制度創新等因素也會對折價率造成影響。

# 6、創新型封閉式基金

隨著證券市場的震盪幅度加大，開放式基金被動助漲助跌的弊端引起了業界廣泛關注，而具有「穩定市場、穩定收益」特性的封閉式基金重新進入人們的視野。儘管過去的幾年，封閉式基金由於其固有的高折價率問題在發展中遇到了一些波折，但無論是投資者、交易所，還是基金管理人、託管人，業界各方對於繼續發展封閉式基金都有著一致的看法和共同的願望，證券監管機構也高度肯定封閉式基金的投資價值和發展意義。「現有的封閉式基金在基金治理結構、投資範圍、投資比例限制、存續期限、交易手段以及費率方面都存在著一定的缺陷，」銀河證券基金研究中心首席分析師胡立峰分析指出，「因此，創新型封閉式基金在設計上肯定是要揚長避短。」

新型封閉式基金的創新可以展現在以下幾個方面：

首先，完善基金治理結構，明確規定持有的召開時間，確保持有能夠行使基金法賦予的權利。

其次，創新型封閉式基金很可能將適度放寬投資限制，擴大投資標的物的選取範圍。

第三，投資比例限制適度放寬。

第四，可以設計成「半封半開」或其他創新交易模式，透過定期適度轉開放降低折價率，改善其流動性。

第五，縮短存續期限。

第六，降低固定費率，提高業績報酬，從而督促管理人勤勉盡職。

它的具體成型方案是：在期限上不得超過五年；在規模上，目前申報的基金公司大多將規模限制在四十億份左右；在交易方式上，將具有半封閉半開放的特點，當持續折價率達到一定幅度，例如超過百分之十時，創新封閉基金持有人可以選擇贖回。有關業內人士認為，一旦方案透過，則意味著停滯達五年之久的封閉式基金發行將再度啟動。

創新型封閉式基金的產品設計主要交由基金公司自行研發，監管部門不會主動參與，但對於創新型封閉式基金的產品形態，監管部門也有一定的考慮。

目前不少基金管理公司正在積極制定創新型封閉式基金的方案。目前申報的創新型封閉式基金方案中，有基金管理公司提出，將在產品合約中作出與折價率相關的承諾，當持續折價率達到一定幅度，如超過百分之十時，基金持有人可以選擇贖回。

透過贖回規則上的創新，可以帶動傳統封閉式基金走出高折價的泥淖，這也是近期封閉式基金市場價格上漲、折價率下降的一個重要原因。

# 7、創新型封閉式基金對老封閉式基金有何影響

由於創新型封閉式基金具有明顯的比較優勢，這一新產品的推出將會對現有封閉式基金產生較大影響。

## （一）短期影響

### 1、不會造成投資者拋售現有封閉式基金

### （1）現有封閉式基金機構投資者集中

現有封閉式基金的主要投資者是保險公司等機構持有人，且集中度較高。以某基金為例，三家大型保險公司持有基金份額接近基金總規模的百分之三十五；前二十大持有人持有基金份額占基金總規模的百分之六十以上。

### （2）新型封閉式基金的規模有限

擬推出的新型封閉式基金的預計規模在五十億左右。按照資料分析，保險公司可投資於基金的金額接近三千億元，目前投資於封閉式基金的金額在六百億至七百億之間，還有較大的成長空間。因此，首只新型封閉式基金的推出不會導致保險公司必須賣出現有封閉式基金。即使後續仍有產品推出，只要對發行節奏和發行規模予以適當控制，也不會產生較大影響。

### （3）新型封閉式基金的投資者範圍不限於場內

現有封閉式基金的投資者都集中在場內。而新型封閉式基

金除了吸引場內投資者參與之外，還設計了場外發行，引入商業銀行管道的投資者，預計場外投資者將持有基金總規模百分之三十至百分之四十。場外投資者的參與將顯著緩解基金發行對現有封閉式基金的衝擊。

### 2、不會造成現有封閉式基金折價率擴大

業內人士認為，新型封閉式基金的推出不會導致投資者拋售現有封閉式基金，這就保證了現有封閉式基金的折價率不會因為新型封閉式基金的推出而放大。

此外，從封閉式基金市場發展的實踐看，市場環境也是短期內決定折價率的重要因素。

### 3、對即將到期的封閉式基金轉型有積極意義

這些基金如何實現平穩轉型，是一個引起市場各方高度關注的問題。據了解，保險公司等機構持有人對基金轉型的期望值越來越高，希望基金轉型能夠對現有封閉式基金的一些制度性問題有所改善；甚至表示，對於一些業績較差、轉型方案沒有新意的封閉式基金，有可能不會支持其轉型。

新型封閉式基金針對現有封閉式基金存在的問題，提出了解決思路。對於即將到期的其他基金來說，可以充分借鑒新型封閉式基金的優點，探索多樣化的轉型方案，爭取投資者支持。

### (二) 長期影響

封閉式基金相較於開放式基金，具有獨特的優勢，有其生

存和發展的空間。封閉式基金目前發展所遇到的困難，其根本原因在於現有封閉式基金設計存在問題。推出新型封閉式基金是解決這些問題的有益嘗試，對於封閉式基金品種的生存和發展具有積極意義。

### 1、有利於封閉式基金的改造

這些基金一般都是規模在二十億以上的大型基金，它們能否順利改造直接關係到封閉式基金品種能否存在下去。在封閉式基金到期之後，老基金並不只局限於轉型為開放式基金，只要能夠對現有封閉式基金存在的問題提出妥善的解決方案，爭取到基金續期也是有可能的。推出新型封閉式基金將為改造二〇〇八年之後到期的封閉式基金，提供值得借鑒的思路和切實有效的方法。

### 2、有利於降低封閉式基金的整體折價率

封閉式基金高折價的根源在於基金產品設計存在問題。新型封閉式基金針對造成高折價的五個主要因素提出了解決方案，如果能夠順利實施，並成為封閉式基金的通行做法，將會對減少折價率發揮重要作用。業內人士預計，新型封閉式基金折價率控制在百分之十以內，是完全有可能的。

### 3、有利於扭轉封閉式基金規模縮小的趨勢

新型封閉式基金立足於解決封閉式基金的核心問題，為投資者提供了更為有效的投資工具，為市場提供了新的品種。隨

著首只新型封閉式基金的推出，後續還會有其他封閉式基金產品跟進，封閉式基金的規模縮小的趨勢將會徹底扭轉。樂觀的情況下，有可能顯著促進封閉式基金產品的發展，實現封閉式基金規模較大成長和產品類型迅速豐富。

### 4、有利於爭取持有人對封閉式基金品種的認同

持有人對現有封閉式基金的意見集中在基金治理結構方面。新型封閉式基金透過每年召開基金份額會議，建立了基金管理人、基金託管人和基金持有人協商解決基金運作事項的常設機制，提供了基金份額持有人監督基金運作的制度保障，是完善封閉式基金治理結構的有益嘗試。

### 5、有利於封閉式基金與海外封閉式基金接軌

新型封閉式基金借鑒了海外封閉式基金發展的有益經驗，立足於基金市場的現狀，在基金投資、治理結構、收益分配、轉型條件等多個方面，吸收了歐美的成熟做法。

## 8、如何適應「封轉開」

投資理念應進行及時的調整和轉變。封閉式基金採取的是類似於股票的交易方式，這對於操作封閉式基金的投資者來說，已經習以為常。而轉為開放式基金後，交易方式將發生重大改變。除非不轉為 LOF、ETF 等交易型基金，封閉式基金長期以來的場內連續競價交易將轉變為場外的申購、贖回交易，

# 第5章 基金新手如何炒封閉式基金

動態的適時行情將消除，投資者的市場父易氛圍將趨淡。一直的投資風格和習慣將由此而被打破。跟隨證券市場投資氣氛而動，採取高拋低吸的操作手法將不再靈驗。這些都需要封閉式基金持有人正視和面對，並積極進行投資理念和投資策略的調整。

其次，適應封轉開後的市場環境。實施封轉開，只是基金的運作形式和交易模式發生了變化，但基金本身的運作狀況並不隨之發生根本性的變化，對基金運作業績的影響也有限。因此，擔心封轉開後基金的業績發生根本性變化也大可不必。反而重要的是，投資者應當從過去封閉式基金的市場環境中走出來，走進場外的交易環境，並盡快適應這種環境。

第三，購買目前正在發行和運作的開放式基金，為封轉開做投資預熱和鋪墊。對於沒有涉足或對開放式基金不熟知的投資者，特別是對開放式基金的交易流程一知半解或模糊不清的投資者，應盡快進行投資和購買開放式基金的學習、研究和演練，從而做好迎接封轉開實戰的心理準備，避免到期投資時的手足無措。

最後，選擇管道商也是封閉式基金持有人亟待面對的問題。假定實行封轉開，封閉式基金的交易方式將由場內市場轉為場外市場。原來分布券商營業部的封閉式基金持有人，將面臨新的交易管道的選擇問題。由於目前還有眾多的券商不具備

開放式基金代銷資格，還有券商沒有與管理封閉式基金的基金管理人簽訂開放式基金的代銷協定，這就會迫使投資者進行管道的被動性選擇。對於習慣於在券商營業部進行封閉式基金投資和交易的投資者，就應當及時根據封轉開的實施進度和相關的流程安排，進行客戶手續的轉移工作。

「封轉開」作為徹底消除封閉式基金折價的一種途徑，它的成功實施，大大提升了市場對於封閉式基金這一品種的信心。

之所以說「封轉開」是徹底消除封閉式基金的折價的一種途徑，是因為轉為開放式基金後，原來的封閉式基金品種不再只能在次級市場交易，而是可以按照基金淨值進行申購贖回，持有人隨時可以按照實際價值拿回自己的資產。

這樣，若即將實施「封轉開」的基金品種仍存在較大折價，投資者買入並持有到期，轉成開放式基金後再按淨值贖回，可以讓投資者快速獲利。

比如：某封閉式基金一個月後轉為開放式基金，目前的單位淨值是 1.08 元，而市場交易價格是 1 元，那麼折價率是 7.4%。若基金淨值一個月後沒有變化，目前投資者按 1 元的價格買入，一個月後可按 1.08 元贖回，扣除各項費用，受益率應在 6% 以上。若基金淨值上漲，則投資人的收益還會擴大；若基金淨值下跌，只有跌到 1.01 元以下，投資人才可能虧錢。從這個角度來看，此時買入封閉式基金顯然風險較低而收益較高。

因此，「封轉開」導致到期日短的小盤基金市場價格迅速上升，折價率迅速下降，個別基金在「封轉開」前的幾個交易日還出現了溢價交易的情況。

# 9、封閉式基金如何套利

由於長期存在折價因素以及基金公司開始透過度紅來穩定「老客戶」，封閉式基金的魅力也不斷顯現。事實上，相對於有申購、贖回壓力的開放式基金來說，規模保持穩定的封閉式基金更加容易應對市場的變化。由於在交易所交易，故封閉式基金交易價往往與基金淨值不一致。交易價高於基金淨值時為溢價，低於基金淨值時為折價。封閉式基金都為折價交易，幅度大小用折價率表示，由於折價交易，一旦「封轉開」，將為投資者帶來套利機會。

對於投資者來說，在通常情況下，有幾種情況可能參與封閉式基金的「套利」：

首先，短期「套利」是一種比較簡單的方法。與開放式基金每天公布淨值不同，封閉式基金採取的是每週公布一次淨值。因此，在周初的前幾個交易日中所反映的價格與淨值的關聯度，其實反映了該基金上週末價格以及淨值的變化。因此，對於一般投資者來說，面對忽然上漲的封閉式基金，大可不必追高買入，而是可以在每週末的交易日中尋找介入的時機。因

為，在週四或者週五時，投資者已經大體可以了解這個交易周的市場變化，並且從一些主要指數的周漲跌幅以及各檔基金的重倉股表現來大致推測封閉式基金的淨值，從而作出買賣決策。

另外，研究封閉式基金的重倉股也是參與「套利」的一個不錯的方法。比如：如果某檔基金的重倉股在長期停牌期結束後連續上漲，那麼從理論上說將「增加」持有該股的基金淨值。由於開放式基金存在申購的機制，因此隨著該基金規模的短期內放大，會造成利潤被攤薄的情況。因此，有的開放式基金在其組合中重倉股複牌前會暫時停止大額申購。相比之下，那些沒有申購壓力的封閉式基金，就可以發揮其「得天獨厚」的規模不變化的優勢。

事實上，「封轉開」機制也集中展現了發生在封閉式基金身上獨特的「套利」。一般情況下，封閉式基金原先的機構投資者如保險機構，往往贊同其轉成開放式，因此，普通投資者如果在其宣布進入「封轉開」的集中申購之前就參與，那麼就可以與這些大型機構投資者「共舞」，而且也可以免去了新基金認購時不低的費用。當然，由於市場處於不斷變化當中，投資者在參與封閉式基金「套利」前還是要仔細掂量自己的風險承受能力，安排好各自的財務規劃，以免遭受不必要的風險。

按照套利機制的原理，當一種產品存在兩個不同的價格時，投資者可以在買入價格較低的那個產品的同時，賣出價格

較高的那個，賺取差價。

　　舉個例子，假如城南城北各有一個自由市場，城南的雞蛋一斤三十塊錢，城北的雞蛋一斤四十塊錢，那麼理論上，你可以從城南買雞蛋到城北賣出，每斤賺上十塊錢。如果這樣的過程持續進行，必然導致城南市場雞蛋的需求不斷上升，價格出現上漲；城北雞蛋的供給增加，價格下跌。兩者趨於相等，套利空間消失。

　　因此，如果可以自由進行套利，一種產品兩種價格的局面必然不可能長期維持，價格最終會等於價值，無論是折價還是溢價最終都會消失。

　　但是，如果不可以自由進行套利，那麼折價就會長期存在。比如：這個城裡規定雞蛋由政府專賣，只允許你買雞蛋，不允許你賣雞蛋，那麼，你就沒有任何賺差價的機會。

　　絕大多數基金都會由封閉式基金轉換為開放式基金，轉型後基金將按淨值進行申購和贖回，這樣基金淨值和交易價格之間的差額，就可變為收益，完成套利過程。

# 10、分紅意味著什麼

　　「封轉開」的逐步展開和發展創新型封閉式基金新思路的提出，都基本上推動了封閉式基金的上漲。而大規模分紅的預期，也是封閉式基金上漲的另一個主要動力。

分紅雖然有利於封閉式基金持有人，但基金管理公司通常並不積極，這和它們在開放式基金分紅上的積極表現形成鮮明的對照。

這一方面是因為原有封閉式基金契約中，多數規定一年分紅一次，一年多次分紅可能存在法律障礙；另一方面是分紅之後封閉式基金資產管理規模會變小，基金管理公司從中提取的管理費也會相應減少。而開放式基金如不分紅，部分持有人會贖回，基金管理公司不如通過度紅賣個順水人情。這種不公平待遇引發了封閉式基金持有人的不滿和相關管理部門的重視。那麼，分紅對封閉式基金意味著什麼呢？

## (1) 分紅是一次按淨值拿回資產的機會

很多投資者可能都不明白這樣一個道理：封閉式基金的分紅，是投資者按照基金淨值拿回自己的資產的一次機會，這使得封閉式基金分紅的意義完全不同於開放式基金。

對於開放式基金來說，基金持有人有權利隨時按照基金淨值贖回。即使基金管理公司不實施分紅，持有人一樣可以透過贖回拿回自己的錢。可以說，開放式基金分紅是把投資者的錢從左口袋移到了右口袋，投資者卻誤以為基金管理公司在給自己發錢。甚至有時候投資者明明希望繼續持有基金，卻遇到了分紅，使得基金資產變成了現金，無法分享市場上漲的成果。

但對於封閉式基金來說，分紅的意義大不相同。正如我們

# 第 5 章　基金新手如何炒封閉式基金

前面反覆提到的，封閉式基金不能按基金淨值自由贖回，這是造成其折價交易的基本原因。而分紅實際上相當於投資者按照淨值實施了贖回。

　　例：假設一支封閉式基金，目前的單位基金淨值是 2.00 元，次級市場交易價格是 1.50 元，那麼其折價率是 25%。如果一個投資者持有該基金 40,000 份，按照市價計算市值是 60,000 元，按照淨值計算資產是 80,000 元。若想把 1 ／ 4 的資產即 10,000 份變現的話，由於不能贖回，只能按市價 1.5 元成交，得到 15,000 元，這樣現金加剩餘基金總資產淨值只剩下 75,000 元。但若該基金決定實施分紅，每份基金分紅 0.50 元，那麼經過分紅後，該投資者將得到 20,000 元的現金，持有基金份額不變。同時經過除權，單位基金淨值變為 1.50 元，該投資者持有的基金淨值變成 60,000 元，加上 20,000 元現金，總資產淨值仍是 80,000 元。所以，分紅等於投資者按照基金淨值贖回了 20,000 元，沒有遭受任何折價交易帶來的損失。

## (2) 分紅會導致交易價格的強制性上漲

　　上面的分析表明，封閉式基金分紅有利於投資者。事實上分紅能夠擴大封閉式基金的交易價值，通常會帶來基金次級市場交易價格的強制性上漲。

　　我們仍然延續上一個例子。假設該基金決定實施分紅，每份基金分紅 0.50 元，那麼經過分紅除權後，該基金單位淨值應

變為 1.50 元，而次級市場交易價格應為 1.00 元。

　　此時，投資者應當注意的是，分紅的結果是該基金的折價率擴大了。根據我們前面給出的折價率計算公式，該基金目前的折價率 =(1.00 － 1.50)/1.50×100%=33.33%。

　　如果我們假定該基金分紅前的折價率是合理的，那麼，分紅後的折價率就有必要向原來的折價率看齊，恢復到 25%。在基金淨值不變的情況下，該基金的市場價格必須從 1.00 元上漲到 1.125 元，漲幅是 12.5%。這就是分紅給封閉式基金帶來的強制性上漲空間。

　　此時，投資者的收益也會相應擴大。比如我們上面例子中的投資者，分紅前按照市價計算持有基金市值是 60,000 元，分紅後他仍然持有的 40,000 份基金價格從剛除權後的 1.00 元上漲到 1.125 元，市值變成了 45,000 元，再加上分紅所得的現金 20,000 元，收益率達到了 8.33%。

　　上述計算方法並不難掌握，投資者可以據此輕易的計算出自己所持有的封閉式基金分紅時會帶來的收益。

# 11、正確查看封閉式基金行情價格

　　封閉式基金有收盤價、漲跌幅，還有折價率與淨值。由於封閉式基金類似於股票，可上市交易，所以存在市價，大家在行情上看到的當日收盤價格就是其當日的市價。漲跌幅則表示

當日市價的變動幅度。

　　如果投資者打算查看所持有的封閉式基金情況，可以先在網路下載證券軟體，安裝後打開，直接輸入基金代號，就可以查看到這檔基金的情況。我們買賣封閉式基金和計算收益是按市價來算的，單位淨值只是達到參考作用。

# 12、投資封閉式基金的五個原則

　　封閉式基金目前市場折價率非常高，說明有著極大的市場潛力和機會。投資者在投資封閉式基金時，需要掌握以下一些投資原則：

　　**原則一**：要適當關注封閉式基金的分紅潛力。

　　**原則二**：投資封閉式基金要克服暴利思維。如果基金出現快速上漲行情，要注意獲利了結。按照目前的折價率進行計算，如果封閉式轉開放的話，其未來的理論上升空間應該在百分之二十二至百分之三十，當基金上漲幅度過大，接近或到達理論漲幅時，投資者要注意獲利了結。

　　**原則三**：注意選擇小盤封閉式基金，特別是注意小盤封閉式基金的持有人結構和十大持有人所占的份額。

　　如果基金的流通市值非常小，而且持有人非常分散，則極有可能出現部分主力為了爭奪提議表決權，進行大肆收購，導致基金價格出現急速上升，從而為投資者帶來短線快速盈利

的機會。

原則四：注意選擇折價率較大的基金。

因為封閉轉開放以後，基金的價格將向其價值回歸，基金的投資收益率將在很大程度上取決於其折價率，折價率越大的基金，價值回歸的空間也相對的越大。

原則五：關注基金重倉股的市場表現和股市未來發展趨勢。

如果未來行情繼續向好，基金重倉股漲勢良好，會帶動基金的淨值有繼續成長的可能，將使得基金更具有投資價值。

# 13、封閉式基金轉型後的發展

在透過轉型方案後，基金管理人一方面必須實現封閉式基金向開放式基金的平穩過渡，防止出現由於大規模贖回而基金退市的風險；另一方面必須使轉型後的基金能夠迅速融入市場，實現持續發展。

## （1）投資策略明晰化：消除資訊不對稱

封閉式基金轉型後，投資策略趨於明晰化和具體化，例如基金興業在原基金合約中並沒有約定投資策略，基金經理操作缺乏契約約束，與持有人之間存在很大的資訊不對稱，但是在轉型後則增加了積極投資策略的相關規定；而基金同智在轉型後也確立了成長股的選股策略，兩者在轉型後的資產配置策略

中，也規定了明確的定性與定量的指標，便於託管行和持有人更好的監督基金的投資行為。

### (2) 資產轉移：增持流動性資產應付贖回壓力

　　基金轉型後投資的範圍也隨之轉變，封閉式基金投資股票的上限為百分之八十，而轉型後的開放式基金對股票的投資比例擴展至百分之九十五。股票投資額度的擴大，可以靈活調整投資組合，獲得較高的收益。但是考慮到轉型後可能出現的大額贖回的情況，基金轉型後會增加流動性資產持有量的持有比例以應對贖回要求，因此，在轉型過程中股票資產的比例會出現先降後升 v 字型的變化。

### (3) 持續行銷：維持轉型後基金持續發展

　　封閉式基金的轉型過程，實際上包含了原封閉式基金的退市和新開放式基金的上市。轉型後的基金實際上是一支新發行的開放式基金，也需要加強市場行銷力度，吸引新的投資者進入，確保能夠實現基金規模的擴張。

　　在轉型基金的行銷過程中，基金管理公司採取多重手段增強基金的吸引力，長○基金在基金同智轉型後的市場行銷可圈可點，例如基金引入了 lof 機制，除了透過交易所的場內申購，投資者還可以透過基金的代銷或直銷分行進行申購和贖回，有效拓展了投資者的購買管道，也擴大了目標投資者的範圍，從

原來的具有股票帳戶的投資者擴大到普通投資者，成功的實現了百億元的募集規模，場外募集的份額高達一百億元，場內募集份額只有四億元；在轉型後透過大比例分紅和份額拆分將淨值降到一元，迎合了投資者對基金的「懼高症」心理，而且一元面值也便於計算和申購，提升了市場對轉型後的長盛同智優勢成長基金的接受程度。

# 第 5 章　基金新手如何炒封閉式基金

# 第 6 章

## 基金新手如何炒定期定額基金

# 第 6 章　基金新手如何炒定期定額基金

# 1、定額定期投資的好處

　　所謂基金定期定額投資（簡稱基金定期定額）是指投資者向基金銷售機構提交定期定額申購業務申請，約定每月申購時間、申購金額和申購基金名稱，由銷售機構於每月約定申購日期，在投資者指定資金帳戶內自動完成扣款和基金申購申請的一種投資方式。由於這種方法每次投入的金額一般較小，投資者可以透過一次約定，就能讓錢長期自動的工作，因此又被稱為**「懶人投資法」**。

　　比如：投資者決定對某檔基金投資一萬元，按照定期定額計畫，投資者可以每月投資五千元，連續投資十個月；也可以每月投資一千元，連續投資五十個月。

　　定期定額投資有很多好處：

　　第一，定期投資，積少成多。定期定額投資的另一大特色是，在不加重投資人經濟負擔的前況下，做小額、長期、有目的性的投資，各家基金公司所設定的最低申購金額皆不高，大多介於百到千元間，對於一般投資人而言，不必籌措大筆資金，每月運用生活必要支出外的閒置金錢來投資即可，既能強迫儲蓄又不會造成經濟上額外的負擔，更能積少成多，使小錢變大錢，以應付未來對大額資金的需求。定期定額投資的金額雖小，但累積的資產卻不可小覷，以長期投資（三年以上）而言，基金的年平均報酬率應可達百分之十五左右，幾乎是定存

利率幾倍以上，長期投資下來，其獲利將遠超過定存利息所得。

第二，自動扣款，手續簡便。只需去基金代銷機構，如銀行，辦理一次性的手續，今後每期的扣款申購均自動進行；

第三，平均成本，分散風險。股票市場漲跌變化快速，一般投資大眾可能沒有足夠的時間每日觀盤，更沒有足夠的專業知識來分析並判斷走勢，因此常無法正確掌握市場走勢而遭套牢，此時若能以定期定額投資的方式為之，分散投資時點，則可因平均投資成本的效用而避免套牢虧損。更詳細來說，市場為多頭或上漲走勢時，單位價格（即基金淨值）高，此時買到的基金單位數則少；而當市場為空頭或下跌走勢時，單位價格低，買到的基金單位數則多。如此一來，總投資部位則是由大量低價的單位數及少量高價的單位陣列成，結果每一單位的平均淨值將會比單筆投資的每單位淨值低，有效的減少了套牢的風險，不必擔心買在高點。更積極的說法，當市場為空頭走勢時更應該以定期定額投資方式承接大量低成本的單位，因為經濟及股市的走勢，就長期而言是處於一上揚軌跡，一旦股市走出低靡的空頭格局而上漲時，持有大量低成本單位的投資者，相較起來將會有更佳的投資報酬。若比較定期定額投資及單筆投資，則單筆投資可說是多頭市場具攻擊性的投資方式，而定期定額則可說是空頭市場最佳的防禦性投資方式，下表將能很明顯的表現出此一特性。

但是，透過定期定額投資基金還要注意以下兩點：

第一，需要長期堅持。尤其是在市場波動，甚至下跌的情況下，這正提供給你一個逢低吸入更多籌碼的時候；

第二，需要量力而行。每月用來定期定額投資的錢一定不要影響到您的正常生活，不要設定不能承受的投資金額為日常生活造成負累。

# 2、定期定額基金適合哪些人

定期定額的基金投資目前正逐漸被廣大投資者接受，它是透過銀行等指定銷售機構在約定扣款日為投資者自動扣款用於基金申購，對於普通老百姓來說是一種很好的長期投資理財選擇。

定期定額投資，適合的人群非常的廣泛。

首先，適合於有定期固定收入的上班族。大部分的上班族薪資所得在扣除日常生活開銷後，所剩餘的金額往往不多，小額的定期定額投資方式最為適合。而且由於上班族大多無法時常親自於營業時間內至金融機構辦理申購手續，因此設定於指定帳戶中自動扣款的定期定額投資，對上班族來說是最省時省事的方式。收入不穩定的投資者最好慎重選擇定期定額投資。因為這種投資方式要求按月扣款，如果扣款日內投資者帳戶的資金餘額不足，即被視為違約，超過一定的違約次數，定期定

額投資計畫將被強行終止。所以,收入不穩定的投資者最好還是採用一次性購買,或多次購買的方式來投資基金。

其次,適合於沒有時間投資理財的人。定期定額投資只需一次約定,就能長期自動投資,是一種省時省事的投資方式。

第三,適合於不太喜歡冒險的人。定期定額投資有攤平投資成本的優點,能降低價格波動的風險,進而提升獲利的機會。

第四,適合缺少投資經驗的人。這種投資方式不需要投資者判斷市場大勢,選擇最佳的投資時機。

第五,適合於在中遠期有資金需要的人。例如三年後須付購屋首期款、二十年後子女出國留學的基金,乃至於三十年後自己的退休養老基金等等。在已知未來將有大額資金需求時,提早以定期定額小額投資方式來規劃,不但不會造成自己經濟上的負擔,更能讓每月的小錢在未來變成大錢。

# 3、如何辦理定期定額投資

如果要辦理基金定期定額,投資者只需攜帶身分證到銀行,辦理該行金融卡(已經有的不需要再辦卡),按銀行和基金管理公司的相關規定提出申請,開通「基金定期定額」後,銀行將根據投資者申請的扣款金額、投資年限,每月自動在其指定帳戶內扣款,操作十分方便。以 A 銀行為例,投資者只需持該行金融卡並開立相關的基金帳戶,即可在該行的櫃檯申請辦理

# 第 6 章　基金新手如何炒定期定額基金

基金定期定額業務。

　　此外，各家已經開通此項業務銀行的網路銀行和電話銀行同樣也可以接受基金定期定額業務的辦理。據介紹，A 銀行金融卡客戶只需開通個人網銀專業版，即可透過網路銀行辦理基金定期定額業務，並可直接在網路銀行完成基金帳戶簽約和開戶，而無須事先在銀行櫃面申請開戶。

　　在網路銀行完成開戶後，投資者可以在網上進行基金的申購、贖回等所有交易，實現基金帳戶與銀行資金帳戶的綁定，設置申購日、金額、期限、基金代號等進行基金的定期定額。與此同時，網路銀行還具備基金帳戶查詢、基金帳戶餘額查詢、淨值查詢、變更分紅方式等多項功能，投資者可輕鬆完成投資。

　　不僅如此，部分銀行還提供了一些更方便投資者的服務，銀行則可由投資者自主決定每月不同的匯款日，不同的匯款時間可以給投資者提供相對更多的彈性空間。

　　定期定額投資基金的申購費率與普通申購方式相同，均可選擇前端和後端兩種收費方式，而且投資者無需承擔任何額外的費用。如果你以此種方式購買基金，預期持有時間不超過一年，建議選擇前端收費；如果預期持有時間在一年以上、不定期或更長，建議您選擇後端收費。因為後端收費滿一年的費率比前端收費低百分之零點一，持有時間越長，後端收費的費率

就越低，滿四年的費率為百分之零點五，滿八年不收申購費。

　　投資者申請開辦定期定額申購業務時，應指定相對的收費模式，一個申請只對應一檔基金的一種收費模式。可惜不少基金產品都已經事先制定好收費模式，個人無法變更。

　　事實上，辦理定期定額申購與平常的一次性購買，部分基金公司會在費率上給與一定的優惠，比如 A 基金與 B 銀行合辦的兩支開放式基金的定期定額業務費率就是在原有基礎上打四折。

# 4、如何選擇適合自己定期定額的基金

　　對於投資基金的客戶來說，定期定額這種投資方式大家應該不會陌生。定期定額是指每月從銀行存款帳戶中撥出固定金額，通常只要五百元，就可以投資基金的一種理財方式。定期定額不僅可以讓你的長期投資變得簡單化，也會減少您在理財規劃上面花費的時間和精力。

　　不過，並非每檔基金都適合定期定額投資，只有選對投資標的，才能為您帶來理想的回報。隨著近幾年基金業的蓬勃發展，市場上可供投資者選擇的基金越來越多，光是開放式基金就有數百支。如何在眾多的基金中挑選適合自己定期定額投資的基金呢？一般來說，可從以下幾個方面進行考察：

　　首先，定期定額投資最好選股票型基金或者是配置型基

## 第6章　基金新手如何炒定期定額基金

金。債券型基金等固定收益工具相對來說不太適合用定期定額的方式投資，因為投資這類基金的目的是靈活運用資金並賺取固定收益。投資這些基金最好選擇市場處於上升趨勢的時候。市場在低點時，最適合開始定期定額投資，只要看好長線前景，短期處於空頭行情的市場最值得開始定期定額投資。

其次，對於選擇波動大還是績效較平穩的基金可作如下考慮：波動較大的基金比較有機會在淨值下跌的階段累積較多低成本的份額，待市場反彈可以很快獲利。而績效平穩的基金波動小，不容易遇到贖在低點的問題，但是相對平均成本也不會降得太多，獲利也相對有限。

其實，定期定額長期投資的時間複利效果分散了股市多空、基金淨值起伏的短期風險，只要能堅守長期扣款原則，選擇波動幅度較大的基金更能提高獲利，而且風險較高的基金的長期報酬率應該勝過風險較低的基金。因此，如果有較長期的理財目標，如五年以上至十年、二十年，不妨選擇波動較大的基金，而如果是五年內的目標，還是選績效較平穩的基金為宜。

再次，要活用各種彈性的投資策略，讓定期定額的投資效率提高。您可以搭配長、短期理財目標選擇不同特色的基金，以定期定額投資共同基金的方式籌措資金。以籌措子女留學基金為例，若財務目標金額固定，而所需資金若是短期內需要的，那麼就必須提高每月投資額，同時降低投資風險，這以

穩健型基金投資為宜；但如果投資期間拉長，投資人每月所需投資金額就可以降低，相應可以將可承受的投資風險提高，適度分配積極型與穩健型基金的投資比重，使投資金額獲取更大的收益。

最後，可以根據財務能力彈性調整投資金額。隨著就業時間拉長、收入提高，個人或家庭的每月可投資總金額也隨之提高。因此，適時提高每月扣款額度也是一個縮短投資期間、提高投資效率的方式。尤其是在原有投資的基金趨勢正確、報酬率佳，而且原有的投資組合分散風險的程度已經足夠的時候，就不需要另行申購其他基金，依照原有的投資比重重新分配投資金額，可早日達到自己的投資目標。

希望這幾點建議能幫助您在選擇定期定額投資基金方式的同時也能用對地方，用對產品，高效率的發揮定期定額投資的優勢。

# 5、怎樣辦理各種變更手續

隨著就業時間拉長、收入提高，個人或家庭的每月可投資總金額也隨之提高。因此適時提高每月扣款額度也是一個縮短投資期間、提高投資效率的方式。尤其是在原本投資的基金趨勢正確、報酬率佳，而且原有的投資組合分散風險的程度已經足夠的時候，那麼就不需要

　　另行申購其他基金，依照原有的投資比重重新分配投資金額，即可早日達到投資目標。

　　要提高或者減少每月投資額，或者改變每月扣款日，到銀行辦理定期定額變更申請，然後填上您希望今後每次扣款的新的金額或新的扣款日期。如果是已經開通網路交易系統，透過網路更改或電話變更也可以。

　　如果投資者想終止定期定額申購業務，需在基金日常交易時間，持本人身分證到銀行指定分行的櫃面辦理解除申請。開通了電子交易系統的同樣可以透過電子途徑進行解約。

# 6、買定期定額基金的八大基本原則

　　定期定額投資基金的方式已經為越來越多的投資者所採用，定期定額每月自動扣款所具有的手續簡便、平均成本、分散風險和具有複利效果等優點也開始為大家所熟知。不過，定期定額投資基金也有需要引起重視的幾個方面，比如要選擇合適的基金產品、掌握獲利時機等。在此為您系統介紹一下定期定額的各項原則，透過遵守這八大基本原則，更好的運用這種方式「小兵立大功」：

### （1）確定投資目標。

　　每個月可以定時扣款三千元或五千元，淨值高時買進的份

額數少，淨值低時賞進的份額數多，這樣可分散進場時間。這種「平均成本法」最適合籌措退休基金或子女教育基金等。

### (2) 根據自身情況量力而行。

定期定額投資一定要做得輕鬆、沒負擔，曾有客戶為分散投資標的而決定每月扣款五萬元，但一段時間後卻必須把定期存款取出來繼續投資，這樣太划不來。建議大家最好先分析一下自己每月收支狀況，計算出固定能省下來的閒置資金，三千元、五千元都可以。

### (3) 要信任理財專家。

開始定期定額投資時不必過度在意短期漲跌和份額數累積狀況，在必要的時候可以諮詢專家的意見。

### (4) 投資期限決定投資對象。

定期定額長期投資的時間複利效果分散了股市多空、基金淨值起伏的短期風險，只要能遵守長期扣款原則，選擇波動幅度較大的基金其實更能提高收益，而且風險較高的基金的長期報酬率應該勝過風險較低的基金。如果較長期的理財目標是五年以上至十年、二十年，不妨選擇波動較大的基金，而如果是五年內的目標，還是選擇績效較平穩的基金為宜。

### （5）選擇有上升趨勢的市場。

超跌但基本面不錯的市場最適合開始定期定額投資，即便目前市場處於低位，只要看好未來長期發展，就可以考慮開始投資。

### （6）掌握解約時機。

定期定額投資的期限也要因市場情形來決定，比如已經投資了兩年，市場上升到了非常高的點位，並且分析之後行情可能將進入另一個空頭循環，那麼最好先行解約獲利了結。如果您即將面臨資金需求時，例如退休年齡將至，就更要開始關注市場狀況，決定解約時點。

### （7）善用部分解約，適時轉換基金。

開始定期定額投資後，若臨時必須解約贖回或者市場處在高點位置，而自己對後市情況不是很確定，也不必完全解約，可贖回部分份額取得資金。若市場趨勢改變，可轉換到另一輪上升趨勢的市場中，繼續進行定期定額投資。

### （8）持之以恆。

長期投資是定期定額累積財富最重要的原則，這種方式最好要持續三年以上，才能得到好的效果，並且長期投資更能發揮定期定額的複利效果。

# 7、讓定期定額基金多賺錢的三條策略

定期定額與每月「定額儲蓄「有一定的區別，您可以活用各種彈性的投資策略，提高投資效率。

## （1）搭配長、短期目標選擇不同的基金

如為了籌措三十萬元子女留學基金，那麼選擇穩健型基金比較適合；但如果投資期間拉長，每月所需投資金額較低，就可以適度分配積極型與穩健型基金的投資比重，以獲取更大的收益。

## （2）依財務能力調整投資金額

隨著就業時間拉長、收入提高，個人或家庭的每月可投資總金額也隨之提高。適時提高每月扣款額度也是一個縮短投資期間、提高投資效率的方式。

## （3）達到預設目標後需重新考慮投資組合內容

雖然定期定額投資是需要長時間才可以顯現出最佳效益，但如果果真投資報酬在預設投資期間內已經達成，那麼不妨檢視投資組合內容是否需要調整。定期定額不是每月扣款就可以了，運用簡單而彈性的策略，就能使您的投資更有效率，早日達成理財目標。

# 8、把握好定期定額基金的贖回時點

　　定期定額的長期投資，一般是不必太在意進場時點的，但什麼時候贖回就很重要了。如果正好碰上市場重挫、基金淨值大跌時贖回，那麼之前耐心累積單位數的效果將大打折扣。所以，這種投資的贖回要特別注意。

　　一般而言，定期定額投資是一個出於一定目的的理財計畫，比如為了過三年買房子或者過五年買車而為之。如果透過這一投資提前達到了預定目標，不妨就此時機贖回，先保住計畫內的資金，多餘的獲利部分則可以再作投資安排。切忌為了可能出現的上升行情而繼續持有，而耽誤到期必須使用的資金。如果定期定額投資基金的目的是累積退休基金，那麼在退休年齡將屆的前兩年就應該開始注意贖回時機，以掌握解約時點。

　　另外，在投資期內，還是要注意根據市場的成長狀況來調整。例如原本計畫投資五年，扣款三年後市場已在高檔，且行情將進入另一個空頭循環，則最好先行解約獲利了結，以免面臨資金需求時，正好碰到市場空頭的谷底期。

　　如果碰到市場在高級又無法判斷後續走勢的多空方向，不必一次贖回全部的單位數，可以贖回部分單位取得資金，其他單位可以繼續保留等到趨勢明朗再決定。這種情況下，暫停扣款也是您可以運用的方式。通常銀行和基金公司方面會提供三

次連續暫停的機會。當市場過度波動時，投資人可要求暫停扣款，觀望一段時間再投入，以降低風險。要注意的是，只要趨勢向上，短線重挫絕不是暫停扣款的時候，因為正可累積更多單位數，反而當市場過熱、股價過高時，才應該暫停扣款，以減少買到高成本單位數的時間。

# 9、「月光族」理財捷徑：定期定額買基金

隨著消費觀念的改變，現代都市中出現了為數眾多的「月光族」，他們每月拿到的薪水等還完信用卡的透支後就所剩無幾，到月底甚至要借貸度日，更不要提積蓄了。很多「月光族」表示，反正現在收入不高，依靠每個月節餘幾千幾百的，也實現不了買車買房夢，還不如現在花錢時痛快點。但隨著年齡的成長，贍養父母和撫養後代的責任會隨之而來，對於「月光族」來說，早日學會投資理財勢在必行。

社會個體天生就是投資族，這是因為資產是人生不帶來的，如果沒有資產的累積和投資，人就無法生存。「月光族」們並不是沒有資產，只是每月的收入都被花光了，所以理財的第一關鍵就是要「省」，定期定額買基金就是一個不錯的選擇。

對於「月光族」來說，雖然每個月的節餘不多，如果選擇合適的投資工具和投資方式，不僅培養起自己的理財習慣，而且也可以累積一筆不小的財富。

# 第6章　基金新手如何炒定期定額基金

這種基金投資方式，好處多多，首先，年輕人沒有時間理財，而「定期定額」買基金類似於「零存整付」，只要去銀行或證券營業部辦理一次就可以了。

其次，很多年輕人對證券市場知之甚少，而利用定期定額方式投資基金可以平均成本、分散風險。

最後，很多年輕人因需要支出的專案多，月節餘不多，也不穩定，而現在定期定額計畫的門檻非常低，可以按月扣，也可以按雙月或季度扣，幾乎不會給他們帶來額外的壓力，還能積少成多，使小錢變大錢，以應付未來對大額資金的需求。而且可以養成很好的理財習慣。

例：

由於定期定額投資是在固定時間間隔以固定金額投資基金。一般可以不在乎進場時點。

舉例來說，若每隔兩個月投資 100 元於某一支開放式基金，1 年下來共投資 6 次總金額為 600 元，每次投資時基金的申購價格分別為 1 元、0.95 元、0.90 元、0.92 元、1.05 元和 1.1 元，則每次可購得的基金份額數分別為 100 份、105.3 份、111.1 份、108.7 份、95.2 份和 90.9 份（未考慮申購費），累計份額數為 611.2 份，則平均成本為 600÷611.2=0.982 元，投資報酬率則為（1.1×611.2-600）÷600×100%=12.05%。

如果一開始即以 1 元的申購價格投資 600 元，當基金淨值

達到 1.1 元時，投資報酬率則只有 10%，當然，如果你是在基金淨值為 0.90 元時一次性投資，當基金淨值達到 1.1 元時，回報率就有 22.2%，問題是，要抓到這樣的低點並不是一件容易的事。

定期定額買基金不僅適合年輕人，也適合其他年齡層有持續較低收入的投資者，但這一投資方式必須經過一段長時間才比較容易看得出成效，最好能持續投資三年以上。

一項以加權股價指數類比的統計顯示，定期定額只要投資超過十年的時間，虧損的機率接近零。而且這種「每個月扣款買基金」的方式比起自己投資股票或整筆購買基金的投資方式，更能讓花錢如流水的年輕人在不知不覺中每月存下一筆固定的資金。讓你在三五年之後，發現自己竟然還有一筆不小的積蓄。

# 10、股票基金也可定期定額

大盤變幻莫測，許多因為市場轉暖而打算購買股票基金的投資人又開始猶豫。人家說股市投資處處是陷阱，如何才能「安全上壘」？定期定額投資法對初涉股票基金的投資人是個了解市場和公司的好途徑，同時，更可以平滑風險，避免由於不了解市場而買到了高點。

優勢一：低門檻進入，長期持續投資。定期定額投資的最大特點就是進入的門檻很低，對初次購買股票基金的投資人來

說，定期定額期限長，每次投資金額小，可以讓投資人有足夠的時間來了解基金理財，了解基金公司，也就能夠進一步打消對於基金投資風險的恐懼。

優勢二：平滑風險、攤薄成本。定期定額投資可以很輕鬆避免購買時機的風險，這個道理很簡單。如果按照定期定額的方式進行投資，長期下來也能夠有效降低基金的單位購買成本。

# 11、女性理財的首選投資工具 —— 定期定額基金

要想獲得較高的收益，通常是要承擔較高的風險。對於大多數的女性，在投資上缺少冒險精神，但不要因懼怕金融市場的高低波動和投資決策的判斷失誤而對理財敬而遠之，只要在風險投資前，認識並接受風險，做好研究和保障工作，風險並不可怕。

對女性而言，要對自己及家庭進行財務風險的評估。您可以選擇到理專那裡，透過客觀專業的風險測試來了解自己的風險偏好，也可以結合自己的年齡、家庭、資產、投資經驗為自己劃定風險係數。通常情況下，隨著年齡的成長，可承受的風險遞減。一個粗略的估算是「可承擔風險比重 =100 －目前年齡」。如你的年齡是三十歲，依公式計算，你可承擔的風險比重是 70（100 － 30=70），代表你可以將閒置資產中百分之七十投

入風險較高的積極型投資（如股票），剩餘的百分之三十作保守型的投資操作（如定存），但這不能一概而論，因為風險係數還與婚姻、家庭及投資經驗等有關。

因此，對於女性朋友來說，兩道防火牆是風險投資的前提。

第一，預留應急準備金，維持個人或家庭生活的日常費用。留出三至六個月的收入，作為應急準備金，一部分可活期儲蓄，另一部分投資貨幣市場或短債基金，這是為失業、生病或修理房子和汽車做金錢儲備。

第二，保險，它的主體是健康險、意外傷害險、第三者責任險、養老保險等。其主要目的是應對個人或家庭的中期需求，防範和降低不可預計的風險。在構築好個人和家庭經濟生活的「防火牆」後，女性朋友才可運用股票、證券投資基金等工具根據自己的理財需求及風險偏好進行有比例的風險投資。業內人士建議女性還可以參保一些女性特定險種。

定期定額投資基金將是女性朋友的首選投資工具。這是一種每月自存款帳戶中撥出固定金額來投資基金的理財工具。這種理財方式有很多好處，每月強迫儲蓄投資，不論市場行情如何波動，投資者不必考慮進場時機，由於進場時點分散，風險也同時分散，並且平攤了投資成本。定期定額購買基金更著重時間的複利效果，適合中長期的目標理財，杜絕了投機性質的投資行為，為女性朋友養成有規律、有系統的投資理財創造

了條件。

# 12、一次性投資，還是定額定期投資

　　一般而言，基金的投資方式有兩種：單筆投資和定期定額投資。靜觀待變，在合適的市場時機到來之前不做投資。這種投資策略的缺點在於有可能錯過基金良好的表現。既然根據市場時機選擇投資不夠明智，那麼投資人就面臨著兩種選擇：是把所有的錢一次性投入購買基金，還是分步驟的定額定期投資？

## （1）一次性投資

　　投資人採用一次性投資策略的前提是，相信市場漲多於跌。

　　例如：小王和小張各有一萬元準備投資於基金。小王將其一次性的購買了某只開放式基金；小張則在五個月內，每個月投資兩千元於該基金。在此期間，該基金單位淨值持續上升，則小張手中的現金不足以購買和小王等同數量的基金單位，所以到了第五個月月底，小王擁有更多數量的基金單位，賺得比小張多。但是如果在此期間，基金單位淨值持續下跌，則小張可以購買更多數量的基金單位，所以到第五個月月底，小張的投資收益高於小王。

　　當然，上述是比較極端的假設，比較普遍的情況是，基金

單位淨值在此期間上下波動。由於乙每個月購買基金的金額是固定的，所以淨值上漲的時候，買的數量比較多；淨值下降的時候，買的數量比較少。到了第五個月月底，誰持有的基金單位數量多，要取決於淨值波動的程度。

## (2) 定額定期投資

定額定期投資的好處之一，是在時機好的時候，可以購買更多數量的基金單位。使用該方法，勿需理會市場短期的波動 —— 無論漲跌，那兩千元都必須用於購買基金，這就是紀律。

為了避免感情用事和道聽塗說，定額定期投資不失為穩健的投資方法，尤其是對於優柔寡斷的投資人而言。一次性投資適用於市場持續上升的時候，或者你認定自己不會在錯誤的時機把持不定的進行買賣。

一方面，定期定額投資可以降低風險。基金淨值下跌的時候，即使你所持有的基金單位數量不變，你的投資資產淨值也是下跌的。定期定額投資由於是分段吸納，不僅在淨值下跌的時候可以讓你以較低的價格買入更多數量的基金，還可以減少已持有投資的損失。

另一方面，定期定額投資的可取之處在於紀律性。投資人往往追逐基金以往的表現，在基金表現出色之後買入，在基金回報率下降的時候賣出，這其實是一種按市場時機選擇的波段操作。但是定期定額投資可以避免進行這種波段操作，使你成

# 第 6 章　基金新手如何炒定期定額基金

為有紀律的投資人，從而避免盲目追捧熱門基金可能造成的投資失誤。

因此，一些投資人認為，定期定額投資的最大優點在於其穩定性，這種方法用於投資積極進取或主動投資的基金，往往能取得很好的回報。

那麼，投資人該怎樣做呢？這取決於你希望在多長的期限內取得回報，以及你關心的是投資的收益最大化，還是盡可能的降低風險。

希望的回報期限越短，選擇一次性投資就越容易造成損失。對於業績不穩定、淨值波動很大的基金，定額定期投資可能更加適合。你也可以將這兩種方法結合起來，將一部分資金做一次性投資，再安排每個月的定額定期投資，從而相容並蓄，取長補短。

# 第 7 章
## 基金新手如何炒貨幣市場基金

# 1、什麼是貨幣市場基金

　　貨幣市場基金是指投資於貨幣市場上短期有價證券的一種基金。該基金資產主要投資於短期貨幣工具如國庫券、商業票據、銀行定期存款單、政府短期債券、企業債券等短期有價證券。

　　　　貨幣市場基金名稱通常會使用「貨幣」、「現金」、「流動」、「現款」、「短期債券」等類似字樣。同其他基金一樣，貨幣市場基金需要向基金經理人支付管理費用；向基金託管人支付託管費用；向證券商或債券自營商支付佣金或者價差；向銀行支付帳戶管理及資金往來手續費用等。不同的是，貨幣市場基金通常不向投資者收取認購、申購或者贖回費用，取而代之的是每年按照不高於資產規模千分之二點五的比例從基金資產計提「銷售服務費」，專門用於本基金的銷售與基金持有人服務。

# 2、貨幣市場基金的特點

　　貨幣市場基金與其他投資基金的區別在於，它強調透過提高投資的流動性來降低風險性，投資對象主要是短期國庫券、政府公債、銀行承兌票據、銀行定期存款單、商業票據等流動性強的貨幣市場投資品種，故稱其為貨幣市場基金。貨幣市場基金投資者投入資金後，就會直接擁有基金股份，基金公司以

投資基金賺取的利息扣除基金公費後，將基金淨值分給投資者。

貨幣市場的投資取向決定了它屬於收益穩中見高、風險較低的基金類型，其收益風險組合在金融市場中的定位界於資本市場基金和銀行存款之間。貨幣市場基金以靈活多樣的經營方式、較高的收益性、較低的風險性增強了其吸引力。它與金融市場上的其他投資工具相比，具有以下特點：

### (1) 本金安全

由於大多數貨幣市場基金主要投資於剩餘期限在一年以內的國債、金融債、央行票據、債券回購、同業存款等低風險證券品種，因此這些投資品種就決定了貨幣市場基金在各類基金中風險是最低的，在事實上保證了本金的安全。

### (2) 高效靈活，成本低。

一般貨幣市場基金還可以與該基金管理公司旗下的其他開放式基金進行轉換，高效靈活、成本低。股市好的時候可以轉成股票型基金，債市好的時候可以轉成債券型基金，當股市、債市都沒有很好機會的時候，貨幣市場基金則是資金良好的避風港，投資者可以及時把握股市、債市和貨幣市場的各種機會。

貨幣市場基金是一種典型的開放型投資基金，它透過發行基金「股票」來籌集資金。投資者要進入貨幣市場基金，只要達到門檻就可開立帳戶，買入基金「股票」。很多大型投資銀行都

# 第 7 章 基金新手如何炒貨幣市場基金

有股票基金、外匯基金、貨幣市場基金等多種不同類型的投資基金供投資者選擇。當基金市場或某一二種基金的行情發生變化，投資者想改變投資方向時，可自由在幾種基金中轉換而不需繳納任何費用，大大節約了投資成本。

## （3）流動性強。

由於貨幣市場基金投資對象主要是流動性強的貨幣市場的投資品種，基金的資產較易轉換成現金而不會遭受損失，因此，基金的贖回非常容易，其成交也非常活躍，這也是貨幣市場基金可以是典型的開放式基金的主要因素。近年來，美國一些商業銀行還與一些貨幣市場基金進行合作，商業銀行提供「貨幣基金平衡流動」業務，使貨幣市場基金投資於大額可轉存款單更加容易。此外，在商業銀行的合作下，一些貨幣市場基金還允許其客戶對其帳戶開出支票，以支付債務或購買商品，這些都進一步提高了貨幣市場基金的流動性。

## （4）收益較高。

多數貨幣市場基金一般具有國債投資的收益水準。貨幣市場基金除了可以投資一般機構可以投資的交易所回購等投資工具外，還可以進入銀行間債券及回購市場、中央銀行票據市場進行投資，其年淨利率一般可達百分之二至百分之三，遠高於同期銀行儲蓄的收益水準。不僅如此，貨幣市場基金還可以避

免隱性損失，抵禦通貨膨脹。當出現通貨膨脹時，實際利率可能很低甚至為負值，貨幣市場基金可以及時把握利率變化及通膨趨勢，獲取穩定收益，成為抵禦物價上漲的工具。

### (5) 分紅免稅

多數貨幣市場基金基金面值永遠保持一元，收益天天計算，每日都有利息收入，投資者享受的是複利，而銀行存款只是單利。每月分紅結轉為基金份額，分紅免收所得稅。

## 3、發展貨幣市場基金的市場基礎

### (一) 貨幣市場基金相比於其他投資工具更適於偏好低風險的投資者。

它所投資的證券具有共同的特點：(1) 期限較短。最長不超過一年，最短的為隔夜商業票據和一週為期限的國庫券。 (2) 風險極小。國庫券可視為無風險債券，其他證券也都是信譽極高的大銀行和大金融公司簽發的。所以，貨幣市場基金的低風險性也為其生存、發展贏得了更廣泛的投資基礎。

### (二) 貨幣市場基金能滿足短期小額資金對高收益率的追求。

貨幣市場基金在美國得以生存的最初動因來源於一九七〇

# 第 7 章　基金新手如何炒貨幣市場基金

年代的「Q 條例」有關條款廢除後所產生的利率歧視。「Q 條例」
是凱恩斯主義經濟干預思想在美國的立法反映,其核心是以低
利率來促使經濟擴張。一九七〇年,美國國會取消了「Q 條例」
中有關十萬美元以上存款利率最高限額的規定,伴隨而來的是
各儲蓄機構、商業銀行競相提高大額存款利率,搶購大額存款
市場而無視小額存款單。這種環境產生了對存款小戶不利的歧
視利率,貨幣市場基金應運而生。它的最初目的就是集中小戶
的零散資金,以「大戶」的姿態在金融市場上出現,以獲得「大
額存款單」的同等待遇。

　　目前,世界各國經濟都進入了低成長期,以低利率來刺激
國民經濟的總體調控被各國屢試不爽。亞洲人偏好儲蓄,在不
斷盤跌的利率環境下,他們又苦於無資無力去經營高風險的股
票和各類證券。貨幣基金又稱「準儲蓄」,但它是一種更具收益
潛力的投資,而且風險偏低。

## (三) 資本市場的呆滯使貨幣基金更具魅力。

　　不斷下調的利率政策更大程度上啟動的是國庫券市場而並
非股票市場。貨幣基金對於國庫券的專業化經營也絕不會遜於
國債市場。貨幣基金則以其專業化的經營,取得國債市場的規
模效益,其金融分工方式,勢必會大大降低國庫券在發行、交
易中存在的大量交易費用 (各種宣傳費、交易費、註冊費)。

# 4、什麼人適合投資貨幣市場基金

在國外參與貨幣市場基金的群體很廣泛，包括很富有的人群。美國貨幣市場基金已經占到了個人家庭資產的百分之二十二左右，所占比重很大。它主要針對的是老百姓手中的短期資金、企業的短期資金，個人資產中比如說要買房子，要賺錢，你不想讓這部分錢承擔太大的風險，以免到時候你買不起房子，到時候你的錢要能夠很方便的拿出來，而且還要比銀行存款高一點的收益，那麼你就可以選擇貨幣市場基金。而長期閒置資金就可以用作投資債券、股票，這個品種從某種意義上說不完全是投資行為，它類似於儲蓄。

目前，城鎮居民管理短期資金的方式只有一種：活期儲蓄，活期儲蓄的規模有多大，那麼這個短期資金的規模就有多大。

對於市場而言，貨幣市場基金適合各類投資人士，尤其是有固定收入來源又希望盡量減少投資風險的人士，以及希望投資短期貨幣市場各類債券以保本並獲得一定收益者。

# 5、貨幣市場基金與儲蓄哪個好

對於一般投資人來說，貨幣市場基金是一種良好的儲蓄替代品種。在歐美發已開發國家，購買貨幣市場基金早已成為家庭理財習慣，被普通老百姓視為銀行存款的良好替代物和現金

管理的工具，享有「準儲蓄」的美譽。與儲蓄相比，它有以下突出優點：

### （1）安全性高

由於貨幣市場基金有特定的安全性很好的投資對象，所以保證了本金的安全。貨幣市場基金不承諾保本，但它主要投資於貨幣市場金融工具如央行票據等，安全性高。根據國外貨幣市場基金三十多年的運作經驗和貨幣市場基金的運作結果，貨幣市場基金尚未有跌破面值的記錄。因此，貨幣基金不會像股票和股票基金那樣存在「虧本」風險（也許小概率的金融風暴和政治戰爭風險除外，但如果發生這些小概率的風險，放銀行也不同樣不安全）；另外，所有的開放基金都有指定的託管銀行，也就是說錢是放在銀行裡，基金管理公司經理人只能進行買進賣出的操作，規避了他們挪用資金做別的事情的風險。

### （2）每天計利，每月分紅

貨幣市場基金是商業銀行及其他存款機構的儲蓄和活期存款的良好替代物，採取每天計利的利息計算方法，通常公布七天的平均年化報酬率，來計算投資者投資期間的累計利息。採取每月分紅的方式將累計利息按月發送到基金投資人的帳戶上，使投資人的收益定期落袋為安。目前多數貨幣基金的年收益在百分之二點五左右，高於銀行一年期存款利率。

### （3）買賣方便

貨幣基金買賣方便，相當於「三天通知存款」，一般情況只要提前二天賣出，第三天就可以取到錢（若第一天用 T 表示，那麼第三天即「T+2」）。而招商銀行通常第二天都可以資金到帳（T+1）。也就是說，比起活期存款流動性稍差，需要打個一至二天的時間差；但比差不多相同收益的定期存款更加靈活，「定期的利息，活期的便利」。

### （4）免收申購、贖回費

目前貨幣市場基金完全免收申購費用和贖回費用的開放式基金，有效的降低了投資者的投資成本。

### （5）享受多項稅收優惠

基金存款不需繳納利息收入所得稅。因此單從這個角度來說，個人投資者投資貨幣市場基金就可以獲得一定的稅收優惠。其他的稅收優惠還包括，銀行間回購與交易所國債回購協議利息收入目前也都是免稅的；個人投資基金的分紅收入也是免稅的。

可見，貨幣市場基金不遜於銀行存款，也比各銀行推出的理財產品綜合優勢略強，投資貨幣基金可享受免費免稅、天天複利，具有活期存款的性質、定期存款的收益，不用付出任何成本，適合所有的個人和機構投資者。

# 6、貨幣市場基金的買賣流程

以保險性更高的銀行代銷買賣為例：貨幣市場基金的購買主要遵循以下程序（銀行和證券公司都可以買賣基金）。

## （一）開戶和申購

開戶其實就是在銀行開立一個某基金公司的帳戶，與你的銀行資金帳戶連接。開戶後你就獲得一個帳號（一人只能有一個帳號，與每次交易都有交易帳號不同，交易帳號只針對本次交易，一般不必理會）

貨幣基金有以下幾種方式進行申購：

一是到銀行分行申購。不是所有的銀行都有貨幣基金。

二是到有代銷資格的券商營業部購買。大部分大型券商都開通了貨幣基金申購通道，投資者可以直接到這些券商的營業部申購。

三是直接到基金公司直銷櫃檯申購。

四是部分基金公司為會員開通了網路申購服務，投資者足不出戶即可申購。

第一次申購最低金額要求具體數額要視不同的貨幣基金或代銷銀行而定；如果是申請適合每個月把薪資裡的餘額像零存整付般轉入貨幣基金的「定期定額」的話可能只要每個月一千元。

申購時要注意以下幾點．

(1) 如果你去的是銀行的小儲蓄所，櫃員說不知道的話，請諮詢經理。

(2) 必須在工作日，即股市開市期間申購（因為貨幣基金也是證券市場的一種產品）；

(3) 開戶和申購表格與平時銀行開卡表格類似，主要是一些個人資料，個人投資者不必理會與機構投資相關的資訊。建議填上準確收信地址方便郵寄帳戶卡和對帳的帳單等，還可以填上常用的個人通訊地址以及手機號碼。

(4) 因為同一家基金公司可能有很多品種的基金，一定要明確自己買的貨幣基金名稱（每個基金都有特定的代號），不要買錯了。

(5) 建議每次開戶或申購、贖回時都做好記錄並保管好所有交易憑證以及基金公司郵寄來的對帳單。方便掌握自己的資產情況，以便出問題時查詢。

除了第一次申購比較麻煩要填寫一些表格外，以後只要你掛鉤的銀行帳戶有一定數量的資金，你就可以很方便的透過電話、櫃檯、網路等方式把這些資金申購成貨幣市場基金。

## (二) 查詢

銀行是把你存到金融卡上的錢在申購成功後轉到基金公司

的個人帳戶上，申購成功後（申購的次日或第三日）你的金融卡上的那筆資金就沒了，而基金帳戶上的基金份額就有了；你可以透過電話或網站到該基金公司查詢相對的帳戶基金情況。

### （三）贖回

當你需要錢的時候，就可以申請贖回從而把基金份額變成金融卡裡的資金。贖回也是 T+2 或 T+1 到帳，也就是一般要在一至二日之後才能拿到錢。

### （四）基金轉換

基金轉換就是把某個基金按當時價格轉成同一個基金公司的其他基金，因為開放式基金除貨幣基金外其申購和贖回都有相對比較高的手續費，一進一出要損失很大比重的利潤，而一般基金公司為了把投資者的資金仍然圈在自己的基金公司內，都透過基金轉換這個形式提供相對比較少的手續費優惠。

很多投資股票的人現在把貨幣市場基金作為資金避風港。而投資股票基金就是間接投資股票，風險也比較大。所以很多基金公司最近紛紛推出自己的貨幣基金很有道理！我們投資者也可以利用這個方式，在股票市場行情向好的時候把貨幣基金轉換成股票基金，在行情走低或者市場迷茫的時候換成貨幣基金以逃避風險。

# 7、貨幣市場基金分紅方式獨特

在分紅方式的選擇上，貨幣市場基金不同於其他基金，其只有一種分紅方式 —— 紅利轉投資。貨幣市場基金每份單位始終保持在一元，收益超過一元的部分按時自動轉化為基金份額，擁有多少基金份額即擁有多少資產。而其他開放式基金是份額固定不變，單位淨值累加的，投資者只能依靠基金每年的分紅來實現收益。

貨幣市場基金是商業銀行及其他存款機構活期存款的良好替代物，採取每天計利的利息計算方法，通常公布七天的平均年化報酬率，來計算投資者投資期間的累計利息。採取每月分紅的方式將累計利息按月發送到基金投資人的帳戶上，使投資人的收益定期「落袋為安」。

也正是由於貨幣市場基金的單位淨值保持在一元不變，所以今後時機成熟時，貨幣市場基金便能衍生出轉帳、直接消費、簽發支票等「類貨幣」功能。

# 8、買貨幣市場基金的四項原則

貨幣市場基金以收益等於或高於一年定期儲蓄，而靈活性又接近活期的獨特優勢吸引了廣大投資者，但貨幣市場基金並非和儲蓄一樣隨便一買就萬事大吉，更不是任何人、任何資金

都適合買貨幣基金，其中也有不少學問。投資者在實際操作中可以參考以下四項原則：

### (1) 買高不買低。

受運作程度等因素影響，各貨幣基金的收益情況也有一定差距，這就需要投資者對貨幣基金進行綜合衡量，優中選優。投資者可以透過晨星、和訊基金等網站查詢所有貨幣基金的收益率排行榜，或者查詢各貨幣基金的歷史收益情況，盡量選擇年化收益一直排在前列的高收益貨幣基金。

### (2) 買舊不買新。

貨幣基金和股票型基金不同，股票型基金在發行時的認購費率一般比買老基金的申購費便宜，所以買新基金能節省手續費，而貨幣基金的認購、申購和贖回均沒有任何手續費，所以從手續費的角度來說，買新貨幣基金不占任何優勢。同時，貨幣基金經過一段時間的運作，老基金的業績已經明朗化了，可新發行的貨幣基金能否取得良好業績卻需要時間來檢驗。另外，新貨幣基金一般有一定時間的封閉期，封閉期內無法贖回，靈活性自然會受到限制。因此，購買貨幣基金時應當優先考慮老基金。

### (3) 就短不就長。

貨幣基金只是一種短期的投資工具，比較適合打理活期資

金、短期資金或一時難以確定用途的臨時資金。對於一年以上的中長期不動資金，則應選擇國債理財、股票型基金、配置型基金、債券型基金等收益更高的理財產品，以提高資金效率，實現收益最大化。

**（4）就近不就遠。**

受發行管道等條件限制，並不是所有的銀行分行都能買到貨幣基金，因為貨幣基金的收益與銀行儲蓄的差距不是太大，所以購買貨幣基金要考慮時間成本，應按照就近的原則購買。如果家庭具備上網條件，可以透過網上進行操作，坐在家裡便可以輕鬆申購和贖回貨幣基金。

# 9、貨幣基金買賣的五個訣竅

投資者在選擇貨幣市場基金時，應該注意幾個方面：

## （1）要注意基金收益率的波動情況

一般來說，波動越大的基金說明基金買賣券種或央票的頻率越大，貨幣市場基金一般會賣出獲利的券種，而對虧損的券種通常採取持有到期的策略。賣出獲利的券種雖然會短期內提高貨幣市場基金的收益，但不利於其長期收益的成長。

# 第 7 章　基金新手如何炒貨幣市場基金

## (2) 注意基金設立時間

新基金成立後從開始投資運作，建倉完畢到組合收益達到市場平均水準，需要一個過程。如果在利率不斷上升的環境下，新基金可以購買收益率較高的券種，這種建倉損失很小，甚至可以忽略，而在一個利率不斷下降的過程中，新基金只能購買收益率相對較低的券種，這種建倉損失就要考慮在內。

## (3) 選擇規模較適中的貨幣市場基金

規模大的貨幣市場基金在銀行間市場投資運作時，具有節約固定交易費用、在一對一詢價中要價能力強等優勢，抵禦贖回負面影響的能力相對較強。但規模過大可能導致基金無法買到合適的投資品種進而影響其收益水準，因此，投資者應更多關注規模適中、操作能力強的貨幣市場基金。

## (4) 把握買入時機，靈活轉換

按照現行銀行匯款系統和基金計息方式，投資者第 T 日在代銷機構（銀行和券商）申購物幣市場基金，T+1 日確認並開始享受每日基金投資收益。需要強調的是，這裡的 T+1 都指的是交易日，因此，投資者要堅決迴避在法定節假日前一天申購貨幣基金。此外，由於貨幣市場基金申贖沒有手續費。因此，可以在貨幣市場基金之間靈活轉換。

### (5) 其他因素

如基金組合平均剩餘期限和期限結構、持券結構和回購槓桿比例等也是投資貨幣市場基金要考慮的重要參考指標。當預期未來市場利率上升時，組合平均剩餘期限長、剩餘期限時間長的資產跌幅更大，投資者應盡量暫時迴避這種類型的貨幣市場基金。反之，則可以選擇這種類型貨幣市場基金。如果利率比較平穩，在兩個收益相同的貨幣市場基金中，應該選擇平均剩餘期限短、剩餘期限時間短和回購比例低的基金，這類基金收益成長的潛力相對較大。

# 10、貨幣市場基金收益的計算

貨幣市場基金均每日計算收益，但是有兩種不同的收益結轉份額方式：有的基金每日將當日的淨利結轉為基金份額；而另外一些基金則每月只有一次將累計的每日淨利結轉成基金份額的交易行為。兩者的區別在於前者的基金淨利可以每日複利成長，而後者的則只能每月複利成長。

### (1) 對於當日申購與贖回時，收益的計算

對於當日基金份額的申購，自下一個工作日起享受的基金分配收益。而當日贖回時，從下一個工作日起不再享受分配收益。如你在四月十一日（週一）申購了基金份額，那從四月十二

日（週二）起開始享有並計算基金收益。而如果在四月十一日贖回了基金份額，那將享有四月十一日的收益，但是從四月十二日起的基金收益就不再享有。

### （2）如果在週五申購與贖回時，收益的計算

投資者於週五申購的基金份額不享有週五和週六、週日的收益；於週五贖回的基金份額則享有週五和週六、周日的收益。也就是說：如果你在四月七日（週五）申購了份額，那麼基金收益將從四月十一日（週一）開始計算；如果在四月 七日（週五）贖回了份額的話，那麼除了享有四月七日（週五）的收益之外，還同時享有四月八日（週六）和四月九日（周日）的收益，從四月十一日起則不再享受收益。

### （3）遇上節假日，收益的計算

節假日的收益計算基本與在週五申購或贖回的情況相同。投資者於法定節假日前最後一個開放日申購的基金份額不享有該日和整個節假日期間的收益；於法定節假日前最後一個開放日贖回的基金份額享有該日和整個節假日期間的收益。

# 11、如何選擇貨幣市場基金

對於同質性很強的貨幣市場基金而言，投資者面對越來越多的同類基金，應該如何選擇呢？綜合來說，投資者需要將重

點放在貨幣市場基金的以下主要指標上：

## (1) 看基金公告

和買股票要看上市公司財務報告等公開資料的原理一樣，在選擇貨幣市場基金時，除了查看各仲介機構的收益排名等，更重要的是要關注其公開資訊資料，尤其是定期的基金公告報告。如果投資者具有基本的相關知識，應多分析定期公告報告中披露的資產配置結構、期限控制、槓桿比例的使用、未來現金流分布結構、持有人結構等多方面狀況。這些資訊能夠反映出基金在安全性、流動性和未來收益性等方面的狀況，有利於投資者判斷基金的收益潛力和風險控制能力。對於傾向保守的投資者，應該選擇投資操作穩健、收益比較適中的貨幣市場基金。

## (2) 看七日年化報酬率

對於大多數的個人投資者，「最近七日年化報酬率」是最直觀反映基金業績狀況的指標。近七日年化報酬率是七日內收益情況的一個平均值。但這是一項短期指標，代表的只是基金過去七天的盈利水準，並不說明未來收益水準。在考察該指標時，不能忽視對波動率的關注，因為這反映該基金未來收益預期是否具有穩定性。一般來說，如果該指標波動很大，投資者的實際收益率與購買時的收益率可能存在較大出入。作為長期

的投資者，建議關注階段累計年化報酬率。這樣比較能夠透過一定的時間跨度，持續性關注基金的穩定性和收益情況。經驗豐富的基金經理通常能夠在流動性和收益率之間找到較好的平衡點。

### （3）看基金建倉時機

目前市場上普遍認同，加息在整體上對貨幣市場基金的收益提升有利，對新發行的貨幣市場基金就更有利。這主要展現在建倉時機的不同。由於老基金是在加息之前建倉，原來持有的資產由於加息會受一定的影響，如果管理人採取持有到期的策略，則影響不大，但儘管原有收益率不受影響，相對市場收益水準卻落後了；如果管理人變現原有資產，並將其重新配置，則變現當日的淨利會下降，經過一段時間後，收益水準則超過原來。顯然，持有的資產比重越大，受到的影響也越大。而新發貨幣市場基金，在加息後可將全部資產配置在更高的收益品種裡，此時建倉輕裝上陣，不存在調整或被動等待過程，因此加息所帶來的收益提升將更為直接。

# 12、每萬份基金淨利與七日年化報酬率

貨幣市場基金應至少於每個開放日的次日在指定報刊和管理人網站上披露開放日每萬份基金淨利七日年化報酬率。

這裡，每萬份基金淨利是指每﹒萬份基金份額在某一日或者某一時期所取得的基金淨利額。其計算方法為將每日每份額基金淨利乘以一萬。

具體公式為：日每萬份基金淨利＝（當日基金淨利／當日基金份額總額）×10,000

期間每萬份基金淨利＝期間日每萬份基金淨利之和

單日萬份基金淨利在基本上依賴於基金所持證券或者存款的利息發放日落在哪一天，其本身並不具有反映基金收益能力的意義。為此，國際投資管理界流行將基金過往七天的淨利進行年度化調整，從而反映出投資組合的當前收益率狀況，並便於投資者橫向比較。在不同的收益結轉方式下，七日年化報酬率計算公式也應有所不同。

根據貨幣市場基金的七日年化報酬率的計算方法取決於基金的收益結轉方式。目前貨幣市場基金存在兩種收益結轉方式，一是「日日分紅，按月結轉」，相當於日日單利，月月複利。另外一種是「日日分紅，按日結轉」相當於日日複利。其中單利計算公式為：（$\sum Ri/7$）×365/10,000 份 ×100%；複利計算公式為：（$\sum Ri/10,000$ 份）365/7×100%。其中，Ri 為最近第 i 西元日（i=1，2…7）的每萬份收益，基金七日年收益率採取四捨五入方式保留小數點後三位。

# 13、購買貨幣市場基金的盲點

　　一些基金新手往往一聽說貨幣市場基金收益比定期儲蓄高，又和活期存款一樣存取方便，於是便打算將手中的存款全部投資貨幣市場基金。因為對於基金缺乏了解，很容易走入以下幾個盲點：

## （1）只認新貨幣市場基金

　　貨幣市場基金和其他開放式基金一樣，投資者可以在發行時認購，也可以在開放之後進行申購，貨幣市場基金沒有「基金淨值」，只有「七日年化報酬率」，並且申購費率和認購費率無差別（均免），購買和贖回也不收手續費，在價格和手續費上，新基金和老基金是一樣的。不過，購買新基金有一個認購期，收益是按活期存款計算的，這樣就不如買老基金合算了；另外，新基金沒有經過市場檢驗，收益情況還是個未知數，從這個角度來說，還是買業績好的老貨幣市場基金更令人放心。

## （2）盲目聽信銀行員工

　　如今各銀行都在打「為客戶理財」的牌子，但實際上很多都是為了推銷產品和完成存款任務，為達到這兩個目的，有的銀行員工會隱瞞一些基金產品的實際情況甚至有意誤導客戶。這就要求廣大投資者掌握一些開放式基金的投資常識。貨幣市場基金屬於開放式基金的一種，投資者可以關注銀行、基金公司

在各大報刊上發布的銷售公告和消息，或採用登錄銀行網站、撥打服務電話等形式進行了解。另外，由於各貨幣市場基金由不同的銀行發售，各家銀行肯定都說自己發售的基金好，這就更是要求投資者掌握各基金的大體收益情況，做到貨比三家，優中選優。

## (3) 只關注七日年化報酬率

貨幣市場基金日常披露的業績資料主要有七日年化報酬率和每萬份收益。在考查貨幣市場基金的收益情況時，不能僅僅關注七日年化報酬率。原因是：

貨幣市場基金的每萬份收益就是把貨幣市場基金每天運作的收益平均攤到每一份額上，然後以一萬份為標準進行衡量和比較的一個資料。而七日年化報酬率就是貨幣市場基金公布日之前的七個連續自然日每萬份基金份額平均收益折算的年收益率。這兩種指標都是衡量貨幣基金的收益標準。每萬份收益在基金出現大宗交易或者贖回的時候變化得最明顯，而七日年化報酬率則是七天內收益情況的一個平均值。即使近七日年化報酬率一樣，也不意味每天的每萬份收益會一樣。

投資者真正要關心的應是每萬份基金單位收益，它所反映的是投資者每天可獲得的真實收益。這個指標越高，投資人可獲得的真實收益就越高，而七日年化報酬率與投資者的真正收益仍存在著一定的距離。尤其需要注意的是，七日年化報酬率

僅僅是基金過去十天的盈利水準資訊，只是一項短期指標，波動頻繁。若參考年化報酬率，應盡可能從一個大的時間範圍去考察业選擇收益穩定的貨幣產品。

### （4）把其當成長期投資工具

貨幣市場基金主要是投資央行票據、記帳式國債、金融債、協定存款等穩健型金融產品，這就決定了它不可能像股票型基金那樣會有「暴利」收益。貨幣市場基金投資者主要是看中它的流動性，而不是它的收益，但有的投資者卻只看中收益，忽略了流動性優勢，把貨幣市場基金當成了長期的理財工具。幣值理財等高收益理財產品越來越多，這些產品可以說比貨幣市場基金更穩當，收益也更高。所以，有長期投資意向的投資者，不應只認貨幣市場基金一條路，在保持穩健的前提下，應積極選擇收益更高的理財方式。

### （5）只到分行購買

許多人認為只有到銀行分行才能辦理貨幣市場基金的開戶、認購、申購、贖回等手續，其實現在金融服務不斷完善等金融機構相繼推出了網上基金業務，只要開通網路銀行，坐在家裡便可以自助購買貨幣市場基金。其操作程序非常簡單，登錄網路銀行後，點擊網路基金，然後就可以即時辦理基金公司帳戶和交易帳戶的開戶以及認購、申購、贖回、銷戶、資金匯

款等業務。其特點是可以隨時購買，這比傳統的零存整付合算多了。網路購買基金省卻了到銀行排隊的麻煩，在網路自助開立各大基金公司的帳戶均是免費的，網路買基金可謂多快好省。

# 14、貨幣市場基金的風險特徵

貨幣市場基金的主要功能是在方便投資者「停泊」現金資產的同時適當追求比現金存款等傳統銀行產品更高的收益率。因此，維持本金穩定和高流動性是貨幣市場基金的優先管理目標，高收益率並不是其投資目標。

雖然低風險、低收益、高流動性是貨幣市場基金的基本特徵，但是投資者購買貨幣市場基金並不等於將資金作為存款存放在銀行或存款類金融機構，基金管理公司不保證基金一定盈利，也不保證最低收益。貨幣市場基金同樣會受到利率水準變化、投資者偏好、基金的經理人和託管人違規操作、職業服務提供者收費過高等風險。此外，貨幣市場基金本身也存在一定投資風險。專家分析，這主要展現在：

一是投資品種集中於央行票據的風險；

二是流動性風險；

三是利率風險。

在貨幣市場基金公開說明書中也有提示：當出現利息大幅度波動和巨額贖回的情況下，將根據市價法對資產淨值進行調

整，屆時出現負收益是可能的。

　　目前貨幣市場基金競爭激烈，有的基金可能犧牲部分流動性來爭取高收益。

# 第 8 章

## 基金新手如何炒指數基金

## 第 8 章　基金新手如何炒指數基金

# 1、什麼是指數型基金

　　(Index Fund) 指數型基金是指基金的操作按所選定指數（例如美國標普 500 指數，日本日經 225 指數等）的成分股在指數所占的比重，選擇同樣的資產配置模式投資，以獲取和大盤同步的獲利。

　　指數型基金是一種以擬合目標指數、追蹤目標指數變化為原則，實現與市場同步成長的基金品種。指數基金的投資採取擬合目標指數收益率的投資策略，分散投資於目標指數的成分股，力求股票組合的收益率擬合該目標指數所代表的資本市場的平均收益率。指數基金是成熟的證券市場上不可缺少的一種基金，在西方發達國家，它與股票指數期貨、指數期權、指數權證、指數存款和指數票據等其他指數產品一樣，日益受到包括交易所、證券公司、信託公司、保險公司和養老基金等各類機構的青睞。

　　指數型基金是保證證券投資組合與市場指數業績類似的基金。在運作上，它與其他共同基金相同。指數基金與其他基金的區別在於，它追蹤股票和債券市場業績，所遵循的策略穩定，它在證券市場上的優勢不僅包括有效規避非系統風險、交易費用低廉和延遲納稅，而且還具有監控投入少和操作簡便的特點，因此，從長期來看，其投資業績優於其他基金。

　　指數型基金是一種按照證券價格指數編製原理構建投資組

合進行證券投資的一種基金。從理論上來講，指數基金的運作方法簡單，只要根據每一種證券在指數中所占的比例購買相應比例的證券，長期持有就可。

對於一種純粹的被動管理式指數基金，基金周轉率及交易費用都比較低。管理費也趨於最小。這種基金不會對某些特定的證券或行業投入過量資金。它一般會保持全額投資而不進行市場投機。當然，不是所有的指數基金都嚴格符合這些特點。不同具有指數性質的基金也會採取不同的投資策略。

目前指數基金有興和、普豐、天元三支指數基金，就是有指數基金特點的最佳化指數型基金。

美國是指數基金最發達的西方國家。先鋒集團率先於一九七六年在美國創造第一支指數基金 —— 標普 500 指數基金。指數基金的產生，造就了美國證券投資業的革命，迫使眾多競爭者設計出低費用的產品迎接挑戰。到目前為止，美國證券市場上已經有數百種指數基金，而且每年還在以很快的速度成長，最新也是最令人激動的指數基金產品是交易所交易基金（ETFs）。如今在美國，指數基金類型不僅包括廣泛的美國權益指數基金、美國行業指數基金、全球和國際指數基金、債券指數基金，還包括成長型、槓桿型和反向指數基金，交易所交易基金則是最新開發出的一種指數基金。

然而指數基金的發展並不是一帆風順，為了規避系統風險

及個股投資風險，最佳化指數型基金採取了與國外指數基金不完全相同的操作原則。其差異主要表現為：最佳化指數型基金的管理人可以根據對指數走向的判斷，調整指數化的倉位，並且在主觀選股的過程中，運用調研與財務分析優勢，防止一些風險較大的個股進入投資組合。從該類基金的實際運作結果看，表現不盡如人意。探究其原因，不僅有證券市場本身的缺陷，也有基金公司操作上的原因。儘管如此，指數基金仍然成為眾多投資者喜愛的金融工具。隨著證券市場的不斷完善，以及基金業的蓬勃發展，相信指數基金將有很大的發展潛力。

# 2、指數型基金的六個優點

指數型基金是成熟的證券市場上不可缺少的一種基金，在西方發達國家，它與股票指數期貨、指數期權、指數權證、指數存款和指數票據等其他指數產品一樣，日益受到包括交易所、證券公司、信託公司、保險公司和養老基金等各類機構的青睞。證券市場正在不斷的發展和成熟，指數型基金的種類也會不斷的增加，從一個長期趨勢來看指數型基金是中小投資者的最佳選擇。它主要有以下六個優點：

## （1）成本相對較低

這是指數基金最突出的優勢。費用主要包括管理費用、交

易成本和銷售費用二個方面。管理費用是指基金經理人進行投資管理所產生的成本；交易成本是指在買賣證券時發生的經紀人佣金等交易費用。由於指數基金採取持有策略，不用經常換股，這些費用遠遠低於積極管理的基金，這個差異有時達到了百分之一至百分之三，雖然從絕對額上看這是一個很小的數字，但是由於複利效應的存在，在一個較長的時期裡累積的結果將對基金收益產生巨大影響。

## (2) 業績透明度比較高

當指數基金追蹤的目標基準指數漲了，投資人就會知道自己投資的指數型基金大約能升多少；如果今天基準指數下跌了，不必去查淨值，也能知道自己的投資大約損失了多少。所以很多機構投資人和一些看得清大勢、看不準個股的個人投資者比較喜歡投資指數型基金，因為指數型基金能夠發揮這類投資者對市場大勢判斷準確的優點，不必再有「賺了指數不賺錢」的苦惱。

## (3) 投資回報率高

指數型基金的整體表現要好於同期的股票型基金和積極配置型基金，而且遠遠好於大盤。例如時機好時投資者只要在年初隨便買一支指數型基金並持有到年底，資產就可能會翻一倍。

### （4）風險相對較小

　　一方面，由於指數基金廣泛分散投資，任何單個股票的波動都不會對指數基金的整體表現構成影響，從而分散風險。另一個方面，由於指數基金所盯住的指數一般都具有較長的歷史可以追蹤，因此，基本上指數基金的風險是可以預測的。

### （5）業績比較穩定

　　由於運作指數基金不用進行主動的投資決策，所以基金管理人基本上不需要對基金的表現進行監控。指數基金管理人的主要任務是監控對應指數的變化，以保證指數基金的組指數基金是一項省心的投資，投資者不用擔心基金經理忽然改變投資策略或者基金經理的更換，因為指數基金是追蹤某個特定的指數，屬於被動投資，基金經理變動對其影響沒有主動投資的基金大。

### （6）延遲納稅

　　由於指數基金採取了一種購買並持有的策略，所持有股票的換手率很低，只有當一個股票從指數中剔除的時候，或者投資者要求贖回投資的時候，指數基金才會出售持有的股票，實現部分資本利得，這樣，每年所繳納的資本利得稅（在美國等發達國家和地區中，資本利得屬於所得納稅的範圍）很少，再加上複利效應，延遲納稅會給投資者帶來很多好處，尤其在累積

多年以後，這種效應就會越加突山。

　　指數型基金是被動型投資，而且採取買入並持有的投資策略，因此股票交易的手續費比較少；同時基金管理人對於指數型基金所收取的管理費也會比較低。像有些增強型基金的管理費，僅相當於市場上主動型投資的股票基金管理費的三分之二；其託管人收取的費用和銷售手續費也明顯降低。可能許多投資人對這點看似很小的差別不太在意，但如果是長期投資，指數型基金的成本優勢會令投資人收益不菲。

# 3、選擇指數基金的四個標準

　　從指數基金問世以來，指數基金受到了市場關注。隨著指數基金將越來越多，投資者該如何選擇？有四個標準可供參考：

　　第一，選開發和管理能力強的基金公司。指數基金儘管屬於被動投資，但選擇指數標的、降低追蹤誤差、減少交易操作等，仍需要基金管理公司有較強的管理能力。選擇指數標的、降低追蹤誤差、減少交易操作等，需基金公司有較強的管理能力。

　　第二，選所追蹤指數表現優越的基金。指數基金的業績表現決定於它所選擇標的指數。所以首先需要評估現有指數的市場品質。

　　第三，選追蹤誤差小的基金。評價指數型基金及其基金經

理，不能過度看重短期業績，而應將追蹤誤差當作重要指標。某指數基金取得超出追蹤指數百分之二十的業績，實際只能算是一支主動性股票基金，而不能被看作被動性指數基金。只有既能較好的控制追蹤誤差範圍又能取得超越標的指數業績當屬優秀的指數基金。

第四，選分紅回報能力強的基金。儘管從長期來看，指數總是上漲的，但指數不可能永遠上漲，指數基金的被動性投資特性，似乎讓它無法主動規避市場風險。其實不然，透過在市場高位兌現盈利進行分紅，指數基金是有效減少熊市階段所遭受的損失。同時，選擇一支分紅記錄良好的指數基金，比如融通的指數基金，也有助於改善持有人的現金流狀況，滿足持有人落袋為安的要求。

# 4、什麼是 ETF 基金

ETF 是英文全稱 exchange traded fund 的縮寫，為了突出 ETF 這一金融產品的內涵和本質特點，現在一般將 ETF 稱為「指數股票型基金」。

（1）**根據投資方法的不同**：ETF 可以分為指數基金和積極管理型基金，絕大多數 ETF 是指數基金。

（2）**根據投資對象的不同**：ETF 可以分為股票基金和債券基金，其中以股票基金為主。

(3) **根據投資區域的不同**：ETF 可以分為單一國家（或市場）基金和區域性基金，其中以單一國家基金為主。

(4) **根據投資風格的不同**：ETF 可以分為市場基準指數基金、行業指數基金和風格指數基金（如成長型、價值型、大盤、中盤、小盤）等，其中以市場基準指數基金為主。

# 5、ETF 的實物申購、贖回

ETF 的基金管理人每日開市前會根據基金資產淨值、投資組合以及標的指數的成分股情況，公布「實物申購與贖回」清單。投資人可依據清單內容，將成分股票交付 ETF 的基金管理人而取得「實物申購基數」或其整數倍的 ETF；以上流程將創造出新的 ETF，使得 ETF 在外流通量增加，稱之為實物申購。實物贖回則是與之相反的程序，使得 ETF 在外流通量減少，也就是投資人將「實物申購基數」或其整數倍的 ETF 轉換成實物申購贖回清單的成分股票的流程。

ETF 的實物申購與贖回只能以實物交付，只有在個別情況下，可以有條件的允許部分成分股採用現金替代的方式。

# 6、ETF 有哪些優點

從一般意義上講，ETF 的優勢很明顯，主要展現在以下方面：

# 第8章　基金新手如何炒指數基金

（1）ETF 克服了封閉式基金折價交易的缺陷，制度設計富有彈性。在投資策略方面，能夠涵蓋廣泛的證券範疇和各種資產配置方式。在交易制度方面，能夠透過一次性交易活動便利的實現一籃子證券組合的買賣交易；在風險分散方面，既可以追蹤涵蓋整個市場的全市場指數，又可以追蹤某個市場領域的行業指數或風格指數，能夠有效的分散或降低市場風險。封閉式基金折價交易是全球金融市場的共同特徵，也是迄今為止經典金融理論尚無法很好解釋的現象，被稱為「封閉式基金折價之迷」。由於封閉基金的折價交易，全球封閉式基金的發展總體呈日益萎縮狀態，其本來具有的一些優點也被掩蓋。ETF 基金由於投資者既可在次級市場交易，也可直接向基金管理人以一籃子股票進行申購與贖回，這就為投資者在一、次級市場套利提供了可能。正是這種套利機制的存在，抑制了基金次級市場價格與基金淨值的偏離，從而使次級市場交易價格與基金淨值基本保持一致。

（2）ETF 基金相對於開放式基金，具有交易成本低、交易方便，交易效率高等特點。目前投資者投資開放式基金一般是透過銀行、券商等代銷機構向基金管理公司進行基金的申購、贖回，股票型開放式基金交易手續費用一般在百分之一以上，一般贖回款在贖回後三日才能到帳，購買不同的基金需要去不同的基金公司或者銀行等代理機構，交易便利程度還不太高。

但投資者如果投資 ETF 基金，可以像股票、封閉式基金一樣，直接透過交易所按照公開報價進行交易，資金次日就能到帳。

（3）ETF 在短期投資方面還提供很多交易工具便利，如 ETF 允許使用保證金進行框框交易；允許賣空；允許使用停損和其他限制性交易指令，而在這些方面，共同基金是全部禁止使用的。由於 ETF 的賣空是賣空一籃子股票組合，對單檔股票的影響較小，因此在美國 ETF 允許賣空。

（4）ETF 一般採取完全被動的指數化投資策略，追蹤、擬合某一具有代表性的標的指數，因此管理費非常低，操作透明度非常高，可以讓投資者以較低的成本投資於一籃子標的指數中的成分股票，以實現充分分散投資，從而有效的規避股票投資的非系統性風險。

# 7、ETF 如何追蹤指數

就商品設計而言，**ETF 操作的重點不是打敗指數，而是追蹤並完全緊貼指數的走勢**。指數基金追蹤指數的方法大體可以分為完全複製法和抽樣複製法兩種。抽樣複製法比完全複製法複雜得多，同時增加了一些主觀方法。完全複製法是指基金經理參照某一指數，買入構成該指數的所有成分股，並保持基金投資組合中各股票的權重與標的指數中各成分股的權重完全一致。基金經理完全被動操作，只有在某一成分股被指數剔除時

才賣出該股票，而在指數加入新成分股時才買入股票。

　　抽樣複製法是指在標的指數成分股數量較多、個別成分股流動性不足等情況下，基金為了降低交易成本而採取的一些複雜的計算程序。根據個股行業、市值等指標，在指數成分股中選取更有代表性的樣本股，並參照指數成分股的權重來設計樣本股的組合比例。同時保證基金收益率可以比較準確的追蹤目標指數收益率的變化。抽樣複製的目標是以最低的交易成本構建樣本組合，實現組合收益與指數漲跌基本一致。

　　指數追蹤技術的選擇主要與被追蹤指數的成分股數量和產品定位有關，一般來說，成分股少的指數對應的指數基金宜採用全複製的追蹤方法，成分股數量較多的指數則宜採用抽樣複製的追蹤方法。

　　ETF 的追蹤偏離度實際上展現了 ETF 複製其基準指數的風險。因此，相對於其基準指數而言，追蹤偏離度及追蹤誤差是衡量 ETF 是否具有長期投資價值的重要指標。對 ETF 追蹤誤差產生的原因分析，特別是向下偏離產生的原因進行分析，不僅有助於投資者做出正確的投資決策，更為重要的是有助於 ETF 基金管理人找出導致追蹤誤差產生的主要因素，以便採取措施，縮小誤差，規避風險，以實現 ETF 既定的投資目標。ETF 追蹤誤差的產生主要有以下三方面的原因。

## (1) 管理費用及其他各項費用

管理費是營運 ETF、複製基準指數的成本，也是基金管理人付出勞動所應得的報酬。管理費用一般占基金淨值的一定比例，如美國 ETF 的年度管理費率一般占基金淨值的百分之零點零八至百分之零點九九不等，管理費一般逐日計算、逐月計提。更為重要的是，管理費作為一種不可消除的成本因素，是單向發生的費用，因該費用而產生的追蹤偏離度是負值。該負向偏離的存在，只能減少複製組合的收益總值，這就是 ETF 追蹤偏離度在更多的時間裡表現為負的根本原因所在。另外，其他包括印花稅、扣繳稅、經紀佣金、買賣報價價差、市場衝擊成本、股利拖累成本、註冊登記費、指數使用費以及其他交易成本等各項費用成本，在 ETF 複製基準指數時，也會帶來一定負向偏離。因為基準指數作為一組由成分股構成的股票組合，其反映的是股票組合的市值，並不真正擁有一個真實的股票組合，因而也就不會面臨著各種各樣的稅費。

## (2) 複製誤差

基準指數中成分股數目的多少以及成分股的流動性因素會導致追蹤偏離度，如果成分股數量較少，則按照基準指數中的權重進行完全複製即可，如果成分股數量較多，就會出現在不影響成分股當前市價的情況下，因某些成分股流動性不足而難

# 第 8 章　基金新手如何炒指數基金

以買得到的現象。因此，對於這類基準指數，只能採用抽樣複製法，增加交易活躍股票的權重，減少流動性差的股票權重。顯然這種複製會不時偏離其基準指數，必然造成追蹤誤差。一般來說，成分股數目較多的基準指數的追蹤誤差要比成分股數目較少的基準指數的追蹤誤差大，越接近基準指數權重的複製，追蹤誤差越小。當 ETF 基準指數成分股公司發生合併或者接管等公司並購事件時，也會給 ETF 複製指數增加難度，從而加大追蹤誤差。

## (3) 現金拖累

傳統的指數基金組合中通常會持有小部分現金，這是因為：

①不斷有小部分現金流入到基金中來，並且這部分現金不會立即用於組合投資；

②基金存小部分現金以備贖回之需或支付管理費之用；

③成分股股票實行現金股利分紅。雖然 ETF 與傳統的指數基金不同，但有時也需要用小額現金來找贖。

當基準指數收益率與這部分現金收益率不一致時，就會導致複製組合發生追蹤偏離度。而且，複製組合中持有的現金比例越大，追蹤偏離度也可能越大。

# 8、中小投資者投資 ETF 的策略

**（1）中小投資者可以透過次級市場如同投資封閉式基金一樣投資 ETF。**

ETF 是一個指數基金，並且 ETF 的交易機制決定了基金的次級市場價格將會非常接近於基金的淨值，不會出現封閉式基金大幅折價的情況，投資者可以獲得與標的指數基本相當的投資收益，風險也比購買個股要小，所以對於廣大中小投資者，這是一個很好的投資產品。

**（2）投資 ETF 可以進行波段性操作。**

中小投資者不僅可以長期持有，獲取與市場指數相當的收益，而且有經驗的投資者還可以進行波段性操作，賺取收益。

**（3）投資 ETF 也有風險。**

指數下跌的風險是 ETF 投資者所面臨的主要風險，另外，ETF 還有一定的折溢價風險。由於套利機制使得 ETF 的次級市場價格與淨值接近，投資者應能以接近基金淨值的市價買賣ETF，所以當 ETF 市價高於（低於）淨值幅度較大時，投資者不宜追漲（殺跌），以免以不合理的價格買進（賣出）ETF 而遭受損失。

# 9、中小投資者投資 ETF 的好處

中小散戶投資 ETF 的主要方式是在次級市場進行買賣，投資這種產品的好處是：

(1) 投資者在買賣 ETF 時只需判斷指數漲跌，而不必再為挑選個股傷腦筋，或者擔心自己賺了指數不賺錢。

(2) 在次級市場買賣 ETF，小額資金即可參與。

(3) 購買 ETF 能以低成本實現分散投資，降低個股風險。

(4) 在交易所買賣 ETF，不僅方便快捷，而且交易費用和封閉式基金一樣低，也不收印花稅，因而適合投資者經常買賣。

# 10、機構投資者為什麼投資 ETF

**(1) ETF 買賣方便，交易成本低，流動性好。**

為機構投資者提供了很好的指數化投資工具，機構投資者也可在 ETF 基礎上很好的進行波段操作。

**(2) 為機構投資者提供了一個暫態套利的交易機制。**

為機構投資者提供了一個新的盈利模式：即時追蹤 ETF 在市場上的價格和 ETF 淨值的差異，一旦套利空間超過套利成本，進行暫態套利，可獲得套利利潤。

（3）套利交易機制的存在使得 ETF 指數價格存在連動效應。

假定 ETF 規模為一百億元，而目前市場指數樣本股總流通市值為 兩百至四百億元左右，機構投資者只要對這一百億元規模的 ETF 市場進行操作就能影響到兩百至四百億元規模的市場指數大盤的走勢，價格槓桿效應明顯。

（4）指數成分股的調整會帶來投資機會，這是機構投資者需要把握的。

大部分的指數，包括市場指數，每過一段時間就會有一次指數成分股的調整，有的股票會被調出，而有的成分股股票會被調入。由於 ETF 是完全複製市場指數，而當指數成分股調整之後，ETF 組合也將進行調整，這樣的話，那些被新調入的股票可能會面臨集中的買盤，這些股票可能會面臨一些投資機會。所以對於指數研究比較深入，能對成分股調整有比較準確預測的機構，就可以把握這個機會。

# 11、ETF 如何套利

ETF 可以利用基金的交易價格與基金淨值之間的差價來進行套利。由於套利一定需要進行申購或贖回，所以套利操作主要是針對資金實力雄厚的機構投資者，具體方法如下：

# 第8章 基金新手如何炒指數基金

## (1) 把握當天套利的機會

目前準備推出的 ETF 基金是以追蹤市場指數為基準。如果市場指數在某一個交易日內出現大幅波動，當日盤中漲幅一度超過百分之五，而收市前卻又重新跌回來。對於普通開放式基金的投資者而言，當日盤中漲幅再大都沒有意義，贖回價只能根據收盤價來計算。

而 ETF 就可以幫助投資者抓住盤中上漲的機會，由於交易所每幾秒鐘就顯示一次該基金的淨值估值，這個值即時反映了因指數漲跌而給基金淨值帶來的變化，ETF 次級市場價格也隨估值的變化而變化，因此，投資者就可以利用盤中指數上漲時在次級市場拋出 ETF，從而獲得指數當日盤中上漲帶來的收益，這就避免了以往開放式基金的投資人只能對股指沖高回落乾瞪眼的情況。

## (2) 利用差價進行套利

ETF 與一般股票一樣，都是在交易所內交易的，在任何交易時間內都有最新成交價格。同時，ETF 又是一籃子股票的價值憑證，基金公司會透過 ETF 成分股（如樣本股）的最新價格和權重來近似計算並披露 ETF 淨值。

由於交易心態等因素影響，ETF 市價與淨值之間會出現差價，這就提供了套利的機會。

當 ETF 市價 >ETF 基金淨值的時候，投資者就可以採取先在次級市場上買入該基金所設定的一籃子股票，用以向基金公司申購 ETF 基金份額，當獲得了 ETF 份額後，隨即將 ETF 份額在次級市場上賣出，除去相對的交易費用後，從而獲得二者之間的差價收益。

當 ETF 市價＜ ETF 基金淨值的時候，投資者就可以採取先在次級市場上買入 ETF，然後於一級市場贖回一籃子股票，再於次級市場中賣掉股票，賺取之間的差價。

從理論上說，套利機制的存在可以保證基金淨值與交易價格基本一致，但要真正完成套利，並從中獲取收益，還需要一定的條件。

（1）要保證一籃子成分股以及 ETF 在次級市場上有良好的流動性，因為套利有最低申購贖回規模限制，機會轉瞬即逝，保證一籃子股票和 ETF 份額的及時成交對把握套利機會來說非常重要。沒有良好的市場流動性，迅捷的組合交易技術支援，投資者的套利交易就不可能順利進行。

（2）投資者的套利行為會承擔一定的成本，包括固定成本和可變成本。

固定成本是指投資者在套利的過程中所產生的交易費用，比如佣金、手續費、申購贖回費等。可變成本包括立即完成交易的衝擊成本及延時完成交易的等待成本。因此，足夠低的套

# 第 8 章　基金新手如何炒指數基金

利成本是保證套利成功的必要條件。只有買賣價差收入高於交易成本，套利才能獲利。在國外，由於有次級市場的賣空機制和融資融券機制，使得投資者的套利較為方便易行，降低了套利的風險。因為套利交易中兩個反向交易的間隔時間越長，套利存在的價格折溢價減小的可能性越大，投資者面臨的風險也就越大。只要成分股和 ETF 的市場流動性足夠好，投資者借助於技術手段可以很方便的買入股票組合，轉換成 ETF，並將 ETF 賣出，這樣套利交易就會順利完成。

下面以參與券商為例，說明基金套利交易的過程。

(1) 假設基金次級市場價格低於基金單位淨值，套利交易的執行過程為：

① 交易過程中，該機構發現基金次級市場價格為 1.23 元，該投資者根據基金管理人發布的申購贖回清單，估計 ETF 基金的實際淨值應為 1.25 元附近，這樣，次級市場價格低於基金單位淨值，存在套利機會。

② 該機構買入 1,000,000 份基金單位，並成交。

③ 該機構同時提交贖回申請，贖回 1,000,000 份基金單位，交易所創設特殊基金股票籃計入該機構帳戶。

④ 該機構賣出一籃子股票，完成套利交易。

⑤ 收市以後，基金管理人進行估值，假設實際基金單

位淨值為 1.25 元，這樣，經過清算以後，該機構套利交易所獲取的套利交易利潤為 20,000 元。

(2) 假設基金次級市場價格高於基金單位淨值時，套利者執行的套利步驟：

①交易過程中，某機構投資者發現基金次級市場價格為 1.25 元，該投資者根據基金管理人發布的申購贖回清單，估計 ETF 基金的實際淨值應為 1.23 元附近，這樣，次級市場價格高於基金單位淨值，存在套利機會。

②該機構發出基金申購指令，購買價值約為 1,230,000 元的一籃子股票，參與證券商向基金管理人提交申購申請，購買 1,000,000 份基金單位。

③交易所將凍結該機構帳戶下已有股票籃，並創設特殊基金份額，計人該投資者帳戶。

④該機構同時在次級市場上以 1.25 元的價格賣出 1,000,000 份基金單位，收入款項 1,250,000 元。

⑤收市以後，基金管理人計算基金單位淨值，假設當日基金單位淨值為 1.23 元，這樣，經過清算以後，該機構完成套利交易，共獲利 20,000 元。

上述套利交易過程是比較理想的情形，未考慮交易成本，且假設收市以後 ETF 基金單位淨值與投資者交易時估計的淨值

相同。在實際交易過程中，由於存在交易成木，而且收市以後 ETF 基金的實際單位淨值可能與投資者估計的單位淨值存在差別，因此，套利交易利潤會與上述理論計算的利潤有所不同。

# 第 9 章

## 基金新手如何炒 LOF 基金

## 第 9 章　基金新手如何炒 LOF 基金

# 1、LOF 基金的特點

　　LOF（上市型開放式基金 Liste-d Open-Ended Fund），是一種可以在交易所掛牌交易的開放式基金。LOF 同時存在一級市場和次級市場，可以像開放式基金一樣透過基金發起人、管理人、銀行及其他代銷機構分行進行申購和贖回。同時，也可以像封閉式基金那樣透過交易所的系統買賣。

　　上市開放式基金主要特點有三：

(1) 上市開放式基金本質上仍是開放式基金，基金份額總額不固定，基金份額可以在基金合約約定的時間和場所申購、贖回。

(2) 上市開放式基金發售結合了銀行等代銷機構與深交所交易網路二者的銷售優勢。銀行等代銷機構分行仍沿用現行的營業櫃檯銷售方式，深交所交易系統則採用通行的新股上網定價發行方式。

(3) 上市開放式基金獲准在深交所上市交易後，投資者既可以選擇在銀行等代銷機構按當日收市的基金份額淨值申購、贖回基金份額，也可以選擇在深交所各會員證券營業部按撮合成交價買賣基金份額。

　　基金在銀行等代銷機構的申購、贖回操作程序與普通開放式基金相同。上市開放式基金在深交所的交易方式和程序則與封閉式基金基本一致，買入申報數量為 100 份或其整數倍，申

報價格最小變動公司為 0.001 元。

# 2、ETF 與 LOF 有什麼不同

LOF 與 ETF 的相同之處是同時具備了場外和場內的交易方式，二者同時為投資者提供了套利的可能。但在具體產品特點和交易方式上有著很多不同：

## (1) 產品類型

ETF 本質上是指數型的開放式基金，是被動管理型基金，而 LOF 則是普通的開放式基金增加了交易所的交易方式，它可能是指數型基金，也可能是主動管理型基金；

## (2) 申購和贖回方式

在申購和贖回時，ETF 與投資者交換的是基金份額和「一籃子」股票，而 LOF 則是與投資者交換現金；在一級市場上，即申購贖回時，ETF 的投資者一般是較大型的投資者，如機構投資者和規模較大的個人投資者，而 LOF 則沒有限定；

## (3) 申購和贖回的費用

ETF 的申購和贖回的費用較低，不超過百分之零點五；LOF 的申購和贖回的費用較高，如現有股票基金一般申購費為百分之一點五，贖回費為百分之零點五。

### （4）　淨值報價速度

在次級市場的淨值報價上，ETF 每幾秒鐘就提供一個基金淨值報價，而 LOF 則是一天提供一個基金淨值報價。

### （5）投資組合透明度

ETF 每日公告投資組合；LOF 每季度公告持股前十名。

# 3、LOF 基金的四大賣點

### （1）　能提供套利機會

這個可能是 LOF 最大的特色和賣點。這個套利是怎樣實現的呢？ LOF 採用交易所交易和場外代銷機構申購、贖回同時進行的交易機制，這種交易機制為投資者帶來了全新的套利模式 —— 跨市場套利：當次級市場價格高於基金淨資產的幅度超過手續費，投資者就可以從基金公司申購 LOF 基金份額，再在次級市場上賣出；如果次級市場價格低於基金淨資產，投資者就可以先在次級市場買入基金份額，再到基金公司辦理贖回業務完成套利過程。

但是必須提醒廣大投資者：LOF 雖然為投資者提供了套利機會，但不是每一個人都有能力獲得套利收益的，投資者在套利過程中一定要考慮場內場外的交易費用成本和時間風險。時間風險是因為市場間轉登記需要 T+2 日確認所產生的。

## (2) 交易方便

目前投資者每次購買不同的開放式基金就需要辦理一次開戶手續，而且手續相對複雜。LOF 的出現則可以讓投資者像買賣股票和封閉式基金一樣買賣開放式基金。而且銷售開放式基金的代銷機構提供的都是面對面的櫃檯式服務，效率較低，一次交易往往耗費較長時間，而 LOF 因為採用交易所的電話和網路方式，使交易變得更為高效。另外，傳統的開放式基金從申購到贖回、到收到贖回款最慢要 T+7 日，而 LOF 在交易所上市後，可以實現 T+1 交易。

## (3) 資訊透明度越高、投資的風險就會更小

LOF 的交易方式提高了基金運作的透明度。由於它要在交易所買賣，必須遵守交易所的資訊披露規則，因此 LOF 的資訊披露將更加及時、透明。

## (4) 費用低廉

普通開放式基金申購、贖回雙向費率一般為百分之一點五。上市開放式基金在深交所交易的費用收取標準比照封閉式基金的有關規定辦理，券商設定的交易手續費率最高不得超過基金成交金額的百分之零點三。

# 4、LOF 基金的運作流程

　　LOF 方案是在保持現行開放式基金運作模式不變的基礎上，增加交易所發行和交易的管道。在掌握了開放式基金原有銷售運作方法的基礎上，投資者就不難理解 LOF 方案的流程。

## （1）基金發行

　　LOF 推出後，基金公司新發基金可以在交易所市場和銀行間市場同時進行。發行期內，交易所市場可以採用一次或多次上網定價方式發行。基金公司也可以採用直銷、銀行、券商等代銷機構以傳統方式發售。兩個市場的發行價格相同。發行結束後，兩個市場募集的資金匯總到託管銀行。

## （2）開戶及登記

　　投資者統一使用證券登記結算有限公司的證券帳戶來購買在交易所發行的基金；未開戶的投資者只需辦理一次證券開戶手續。現在，開戶手續可以透過銀行、券商的分行辦理。結算公司負責基金份額的集中登記。開戶人要有兩種途徑：

　　（1）投資者透過深交所交易系統認購、買入或賣出上市開放式基金須使用證券投資基金帳戶。

　　（2）投資者透過基金管理人或其代銷機構認購、申購或贖回上市開放式基金須使用開放式基金帳戶。投資者可持證券帳戶到基金管理人或其代銷機構處申請註冊開

放式基金帳戶。如果投資者沒有證券帳戶，可以向基金管理人或其代銷機構申請配發證券投資基金帳戶，並自動註冊為開放式基金帳戶。對於配發的證券投資基金帳戶，投資者可持基金管理人或其代銷機構提供的帳戶列印憑條，到結算分公司的開戶代理機構列印證券投資基金帳戶卡。

### (3) 交易所交易

投資者透過交易所市場認購的基金份額可以直接在交易所交易；透過銀行間市場認購或申購的基金份額，可以透過市場間轉託管，將基金份額登記託管到證券登記結算系統中之後，即可上市交易。交易方式上，與現行股票的交易方式相同，採用集中競價交易，遵循價格優先、時間優先的交易原則。基金申報價格的最小變動公司為 0.001 元。交易所市場的交易不改變基金規模。

### (4) 申購與贖回

開放式基金的申購、贖回也可在銀行間市場實現，主要管道包括基金公司直銷及銀行、券商等機構的代銷。基金的申購、贖回可改變基金規模。

### (5) 轉託管

由於託管在銀行間市場的基金份額其交易方式是申購、贖

回，當日只能以基金單位淨值進行一次性成交，託管在交易所市場的基金份額其交易方式是買入、賣出，與現行股票交易方式一致，透過在兩個市場間的轉託管實現兩種交易方式的轉變。

### (6) 分紅

分紅可在兩個市場同時進行，交易所市場託管的基金份額用交易所網路派發，銀行間市場託管的基金份額由銷售機構代理派發。

## 5、如何認購 LOF 基金

上市開放式基金募集期內，投資者有兩種認購方式：

(1) 投資者可在深交所交易日，使用證券帳戶透過具有基金代銷業務資格的證券公司下屬證券營業部上網認購基金份額。不可撤單，可多次申報，每次申報的認購份額必須為 1,000 份或 1,000 份的整數倍，且不超過 99,999,000 份基金單位。

(2) 投資者還可用其在結算公司開立的開放式基金帳戶透過基金管理人或銀行等代銷機構（具體代銷機構名單參見各基金管理人公告的基金公開說明書）的營業分行認購基金份額，不可撤單，可多次認購。

# 6、LOF 基金的交易費用

投資者透過證券交易所交易系統買賣 LOF 基金需繳納交易佣金。交易佣金的收取標準與封閉式基金相同。

投資者透過基金管理人或代銷機構申購、贖回上市開放式基金需繳納申購費、贖回費。申購和贖回費率由基金管理人在基金公開說明書中約定。

投資者透過深交所交易系統買入的基金份額只能選擇現金分紅，透過基金管理人或其代銷機構買入的基金份額可以選擇現金分紅或紅利再投資方式。

# 7、LOF 的套利機會

LOF 最大的亮點在於其可以跨市場套利。和 ETF 一樣，LOF 也存在一級市場和次級市場，也可以像開放式基金一樣透過基金發起人、管理人、銀行及其他代銷機構分行進行申購和贖回。同時，也可以像封閉式基金那樣透過交易所的系統買賣。由於上述兩種交易方式並存，申購和贖回價格取決於基金單位資產淨值，而市場交易價格由系統撮合形成，主要由市場供需決定，兩者之間很可能存在一定程度的偏離，當這種偏離足以抵消交易成本的時候，就存在理論上的套利機會。從長期來看，基金次級市場交易價格將與基金份額淨值趨於一致，這

也使以淨值價格作為基準，次級市場的價格存在著獲取超額收益的可能。下面分析一下 LOF 幾種套利的情況。

（1）當 LOF 次級市場價格明顯低於淨值，且認為股市將處於平穩或上漲趨勢時，可以在次級市場買入 LOF，在 T+1 日後可在次級市場賣出或一級市場贖回。

（2）當 LOF 次級市場價格明顯高於淨值，且認為股市將處於平穩或上漲趨勢時，可在一級市場申購基金，在 T+2 日後在一級市場買出。

（3）短線基金操作者可利用一級市場與次級市場的價差，及基金次級市場交易價格將與基金份額淨值趨於一致的理論，在次級市場獲取超額收益。（1）LOF 出現異常下跌（在大盤沒有走壞的情況下），可及時買入 LOF，在 T+1 日後趨於正常時賣出。（2）在大盤大幅上漲，而 LOF 還處於上日淨值附近，可買入 LOF，在 T+1 日後 LOF 價格與淨值趨於一致時賣出。

由於 LOF 的次級市場交易成本遠低於一級市場的交易成本，非常適合短期的基金購買者。然而，在目前的市場條件下，很多因素局限著 LOF 的交易量，因此，現有次級市場的 LOF 僅適合小額資金的套利。

但是，利用 LOF 基金套利還是存在一定的風險的，那就是 T+2 日帶來的風險。按第一種方式套利時如果 T+2 日次級市場的基金價格已經跌到了當時申購基金時的淨值附近時考慮到手

續費已經無法獲利。同樣利用第二種方式時如果 T+1 日的基金淨值跌到了當時次級市場上買入的價格附近時也無法獲利。但如果在次級市場價格高於基金淨值時您帳戶中已經持有此基金並且打算長期投資，那麼就可以在次級市場上賣出此基金，同時透過場內申購相同數量的基金來進行套利；相反如果在次級市場價格低於基金淨值，那麼就可以按淨值進行贖回，同時在次級市場買入相同數量的此基金，這樣就可以穩定的進行套利。

# 8、場外認購、申購 LOF 基金需開立什麼帳戶

投資者需具有開放式基金帳戶（指投資者以證券帳戶為基礎、在證券登記結算有限責任公司註冊的開放式基金帳戶）。

（1）投資者透過深交所交易系統認購、買入或賣出上市開放式基金須使用證券投資基金帳戶。投資者可透過結算公司分公司的開戶代理機構（如證券公司）申請開立證券帳戶。

（2）投資者透過基金管理人或其代銷機構認購、申購或贖回上市開放式基金須使用開放式基金帳戶。投資者可持證券帳戶到基金管理人或其代銷機構處申請註冊開放式基金帳戶。如果投資者沒有證券帳戶，可以向基金管理人或其代銷機構申請配發證券投資基金帳戶，並自動註冊為開放式基金帳戶。對於配發的證券投資基金帳戶，投資者可持基金管理人或其代銷機構

提供的帳戶列印憑條，到結算分公司的開戶代理機構列印證券
投資基金帳戶卡。

# 9、場內申購、贖回業務對投資者有什麼好處

　　開放式基金場內申購、贖回是指證券公司在交易時間內接
受投資者委託透過深交所交易系統申報的申購、贖回。

(1)、該業務完善了上市開放式基金（LOF）功能，使投資
者不僅可以透過交易系統辦理開放式基金的認購和交
易，也可直接辦理申購、贖回。投資者可以在次級市
場買賣與申購、贖回兩種參與方式之間自由轉換與選
擇，無需辦理跨系統轉託管手續。

(2)、消除折價現象。由於投資者託管在場內的份額可以
直接選擇賣出和贖回兩種方式，市場運作效率大大提
高，上市開放式基金的次級市場交易價格將與基金份
額淨值趨於一致。

(3)、流動性大為增強。由於增加了場內申購、贖回業務
功能，上市開放式基金在次級市場交易不暢時，可立
即透過交易系統辦理申購、贖回，確保了基金份額的
流動性。

# 10、上市開放式基金募集期結束後，投資者如何交易

上市開放式基金募集期結束後，投資者有兩種交易方式：

(1) 基金開放後，投資者可透過基金管理人及其代銷機構營業分行以當日收市的基金份額淨值申購、贖回基金份額；

(2) 基金在深交所上市後，投資者可透過深交所各會員單位證券營業部以交易系統撮合成交價買賣基金份額，會員參與上市開放式基金交易不受開放式基金代銷資格限制。

①如何確定上市開放式基金的上市首日及上市首日的開盤參考價？上市開放式基金的上市首日為基金的第一個開放日。基金上市首日的開盤參考價為上市首日之前一交易日的基金份額淨值（四捨五入至價格最小變動單位）。

②投資者交易上市開放式基金的費用有哪些？投資者透過深交所交易系統買賣上市開放式基金需繳納交易佣金。交易佣金的收取標準與封閉式基金相同。

投資者透過基金管理人或代銷機構申購、贖回上市開放式基金需繳納申購費、贖回費。申購和贖回費率由基金管理人在基金公開說明書中約定。

③投資者如何查詢基金淨值？投資者可透過下列管道查詢基金淨值：

# 第 9 章　基金新手如何炒 LOF 基金

　　A 深交所於交易日透過行情發布系統揭示基金管理人提供的前一交易日的基金份額淨值及百份基金份額淨值，投資者可透過各行情分析軟體的設定在相應位置查詢。

　　B 基金管理人及其代銷機構在其營業場所內揭示基金管理人提供的前一交易日的基金份額淨值，投資者可在該營業場所直接查詢。

　　此外，投資者還可透過指定報刊及基金管理人的網站查詢前一交易日的基金份額淨值。

　　④上市開放式基金權益分派如何進行？上市開放式基金權益分派由結算公司依照權益登記日的投資者名冊資料進行。投資者透過不同管道購買的基金份額權益登記日為同一日（R日），現金紅利派發日同為 R+3 日。

　　投資者透過深交所交易系統買入的基金份額只能選擇現金分紅，透過基金管理人或其代銷機構買入的基金份額可以選擇現金分紅或紅利再投資方式。

# 第 10 章
## 基金新手不可不知的九個真實故事

## 第 10 章 基金新手不可不知的九個真實故事

　　基金，在早幾年還是投資者們的專業投資工具，而現在已經走進了千家萬戶的百姓理財生活。基金該怎麼買？怎麼選？下面，讓幾位網友給大家講述一下他們買基金的真實故事。儘管他們的表述可能不太專業和完整，但他們的經驗值得我們去分享。他們提出的技巧和原則也有諸多的時間限制，但鮮活的事例高於生硬的教條。讀一讀，會有啟發。

# 1、一不小心成了基金「私募經理」

　　自去年六月起，得到一位在股海翻騰了八年的朋友的指點後，我把僅有的十五萬元儲蓄傾進基金市場。

　　大半年過去了，我投資的基金翻了一倍多，心裡別提多高興了，生活也隨之發生了變化。首先是妻子，態度來了個一百八十度的大轉變，自此後家務事不再讓我做。我以為從此就這樣「清閒」下去了，平時上上班，沒事就研究研究基金，反正買基金不像炒股票，一天到晚都要盯著 K 線，但是沒想到讓我備感壓力的事情還在後面。因為在基金上賺了錢，妻子很高興，就把這個消息告訴給家裡人，引起了極大的連鎖反應。首先產生「化學反應」的是妻子的三姑，三姑有投資十萬元買基金的打算，委託給我投資。因為自己有實戰經驗，對各路基金早已了然於胸，雖說不敢保證能賺翻倍，但是收益應該能多過銀行定存。

話說上午剛弄妥二姑這樁「生意」，下午妻子又接到岳母的電話，話題自然又是投資基金的事，岳母在電話裡怪她女兒有這麼大好事不和她說，她湊了五萬元整準備投資基金。妻子不忘在電話裡對她母親進行一番「風險教育」，想不到岳母在電話一頓「回擊」，你唬誰啊，我有賺錢的念頭，當然也會有虧錢的準備啦。看著她們母女倆在電話裡你來我往舌戰不休，我知道自己的苦差事又來了，等下又得跑銀行一趟，把匯來的錢申購基金。

第二天，妻子的二姑又打來電話，說有五萬元定期存在銀行到期了，聽說我這個「基金經理」買基金的眼光不錯，也想取出來湊一回熱鬧，我笑著對妻子說，你再攢幾筆來，我可就成民間「私募經理」了。

在不到一個月的時間裡，在妻子的推波助瀾下，我的「私募基金」也達到了驚人的一百多萬，這可是我一輩子都沒摸過的數目，感覺擔子一下子重了很多，但慶幸的是我此時並沒有亂了陣腳，而是有的放矢的把全部資金分散在股票型基金、偏股型基金、平衡型基金和債券型基金上，盡量分散風險。買的穩健型基金居多，而且還建立起自己一套持久戰與運動戰相結合的戰術，做好打持久戰的準備，但在態勢對己不利的情況考慮轉移。

半年過去了，收益頗豐，不負眾望，初步完成重任，終於

可以長吁一口氣了，妻子那天打電話回家報喜：媽媽，今天過年不送禮，送禮就送真金白銀。岳母大人在電話裡的笑聲，連坐在五公尺外的我都聽得清清楚楚了。

# 2、我學巴菲特買基金

股市的風雲變化對基金有一定的影響，同時也給我們這些基金投資者提醒。

我是今年二月底才搭上了「基金投資」這班車，很多人都說已經錯過了獲取高利的黃金時間。如果說當初懵懵懂懂的進入基金投資領域是因為它的高回報，那麼現在對理財略知一二的我更看重的是基金投資作為一種長期理財方式的持久性和穩定性。美國家庭有近一半投資基金，百分之七十的投資者持有基金長達十年。國外的經驗告訴我們，對於普通百姓家庭來說，基金毫無疑問是一種非常積極卻穩當的長期理財方式。

股市的大調整，對基金的確也產生了不小的影響，我自己所擁有的幾檔基金的跌幅從百分之五至百分之七不等，帳面損失不小，但我不會因此而對基金這種理財方式產生任何的懷疑，更不會在這個時候急於贖回，原因有三：

首先，這三個月來我也曾經歷過兩次比較大的股市震盪，起初心裡還非常的不安，但基金的後市表現卻顯示出它較好的抗風險能力，也許基金不會每天都漲，也許每次的漲幅也不算

大，但如果以一個月或更長的時間段為一個週期來看，它的價值曲線是穩定提升的。

其次，基金的大部分也用於投資股票，恐慌性的贖回擠兌，會加大基金經理人的操作難度，基金和股市也存在連動效應，俗話說「牽一髮而動全身」，惡性循環並不是我們所期望看到的。

另外，基金不能追漲殺跌，反覆的進出就變「投資」為「投機」了，其最終的結果可能不僅是擾亂市場，更多的是降低自己的收益，賠了夫人又折兵啊！

我非常追捧巴菲特的股票投資原則，遠離純粹的投機行為，可謂是金科玉律，並且同樣適用於基金投資。結合我自身的基金操作經驗，特將巴菲特的投資原則實踐到基金的投資中，挑選了部分與各位基金偏好者做一個分享。

**1、巴菲特：「找出傑出的公司」。**

我：「找出成熟的基金公司，挑選傑出的基金管理團隊（人）」。

股票投資的是一個經營有方，管理者可以信賴的公司，在一個健康的市場中它的內在價值一定會顯現在股價上。而基金投資的也是一個公司，即基金公司，更確切的說應該是投資一個基金公司的某個基金經理人帶領的基金投資團隊。

其實，挑選基金比挑選股票要簡單的多。兩市的股票上千

# 第 10 章 基金新手不可不知的九個真實故事

支，籃子大了，有點無所適從，下的工夫必然就要很大。挑選發行股票的公司，我們要對公司的財務指標有一個全面的分析，甚至要考慮到整個行業的發展與政策的導向，有一定程度的專業性和複雜性，要想深入了解並做出準確的判斷可不是件易事。而挑選基金呢？我個人的方法是一個三步走：

第一步，**確定基金公司**。我借助的是基金操盤手朋友的推薦。因為基金操盤手在投資基金方面有了一定的經驗，他們的成功與失敗經驗可以讓我們少走很多彎路。同時我們也要對他們推薦的基金公司進行簡單的調查，方式主要是透過網路和報紙。

第二步，**確定基金種類**。基金主要分為開放式基金和封閉式基金。開放式基金主要分為股票基金、債券基金和貨幣基金。股票基金又分為股票型、偏股型、平衡型。面對這麼多的基金種類，剛開始一定是一頭霧水，但只要確定了自己的風險偏好，便可指定投資方向。首先，我不想在次級市場進行操作，所以我選擇了開放式基金；其次我是一個風險中性的投資者，因此我選擇了股票型、偏股型、平衡型的投資組合，平衡收益與風險。

第三步，**確定基金產品**。確定了投資品種，便可以對具體的產品進行研究挑選了。其實挑選基金可以走捷徑，我的方法就是找基金淨值成長率的排行榜。也許大多數人會說看排名的

方法太老套，但是我要強調一點：看排名，但也不僅僅是看排名！我們要看什麼呢？

（1）**過去一年的星級評價與成長率**：這是對基金過去一年表現最好的總結。盡量選擇四星級以上的基金，因為我們看重它的成熟性，有過往業績的支撐，我們心裡相對踏實。有一些基金還沒有評級，說明基金成立的時間還不夠長，時間的檢驗還不夠，選擇是要慎重。

（2）**今年以來的成長排名**：過去的就讓他過去吧，現在大家都更加提倡展望未來。今年的業績更值得我們關注，因為基金也存在更換經理人與管理團隊的可能性。如果今年的業績與過去一年的業績差距很大，那我們就要慎重選擇了。

（3）**過去一個月的成長排名**：近期的表現對投資者來說肯定是一個很重要的選擇因素，但沒有必要太多關注過去一週的成長排名，因為基金投資的股票會經歷板塊輪動，有起有落，有快有慢，這都是非常正常的。上週高成長的基金，並不一定會在本週有出色的表現。

**2、巴菲特：「要有耐心」。**

我：「基金是一種長期投資」。

巴菲特有一個說法，就是短於五年的投資是傻子的投資，因為企業的價值通常不會在這麼短的時間裡充分展現，你能賺到的一點錢也通常被銀行和國稅局瓜分。基金本身是一種長

期理財方式，國外的經驗資料告訴我們每年百分之十的收益是基金投資收益的平均值，收益不在高低，而在於長期的保障。短期的多次操作不僅僅有可能喪失獲利機會，還會提高投資成本，無形中降低了投資收益。

高風險、高收益的原理人人皆知，所以想從風險相對較低的基金投資裡獲得高額回報，是違背市場原理的。而長期擁有，財富的累加效應必然得到應驗。

3、巴菲特：「不要擔心短期價格波動」。

我：「沒有風平浪靜的市場，但不要因為一點小風小浪就離海靠岸」。

「選擇少數幾種可以在長期產生高於平均效益的股票，將你大部分資本集中在這些股票上，不管股市短期跌升，堅持持股，穩中求勝」是巴菲特的集中投資思想。美國基金持有人自上個一九八〇年代牛市以來的平均持有週期是三至四年左右，這反映了美國基金持有人將基金視為理財工具，而非短線炒作工具，他們通常不會隨短期市場波動而頻繁進出。如果我們選擇了一個基金公司的精英團隊，我們就應該給予他們足夠的信任和時間，堅信他們的投資水準與風險規避能力。其實個人投資者與基金公司是拴在一根繩子上的螞蚱，大家的利益是相同的。股市的漲跌對於基金投資公司來說都只是家常便飯，我們也儘管把心放在肚子裡吧！

　　總而言之，投資基金有兩個切記：切記平和心態、切記長期持有；還有兩個切忌：切忌盲目投資、切忌頻繁操作。

# 3、買基金為兒子實現了鋼琴夢想

　　那是七月十二日的上午，太陽高高的掛在天空，悶熱的天氣讓我喘不過氣來，我像往常一樣來到工商銀行取薪資，由於我是政府的公務員，每個月都是到固定的銀行，領取固定的薪資，每個月都會計畫著花錢，每筆必須的支出、每筆不能再節省的資金都要按時繳納，總而言之，一句話，花錢前一定要想清楚，不能到月底鬧空城計啊？

　　至今我清晰的記得，一個三十多歲的男性在介紹基金，「基金，」我第一次聽說。說句心裡話，雖然我也是大學畢業，可是由於專業的關係，實在是不知道「基金」究竟為何物。在他的介紹下，我決定不管賺錢與否，我應該知道，畢竟我不能和社會脫節，更何況如果可以合理合法的賺錢，我就可以給兒子買鋼琴了。也許是鋼琴的誘惑和兒子期許的目光，三天後，在對基金有了初步了解的情況下，我拿了五萬元到銀行，那天買的是均衡成長基金。可是它今天的收益並非我的囊中之物，原因很簡單，就是錯誤的理解、錯誤的投資理念讓我在擁有利潤百分之十時，就放棄了對它的持有，但是也是這個教訓，讓我在以後的「基金操盤手」生涯中，實現了兒子在家裡練鋼琴的願望。

　　隨後我又購買了優選成長、成長先鋒等。在元旦前夕，我將我名下的五種基金，每份贖回利潤的部分，為兒子買了鋼琴。在元旦休假的時候，聽著兒子的琴聲，看著兒子高興的樣子，想著兒子以後不用到老師家練琴，我在老公的懷裡幸福的睡去，夢想著有一天兒子能成為鋼琴家，夢想著我們幸福的生活。

　　「老婆，醒醒吃飯了」，看著老公忙裡忙外，我知道他心裡的高興情緒，看著老公和兒子的笑臉，我知道幸福的生活原來是這樣，我暗暗下決心，要將這種幸福繼續下去。我知道這種幸福要用理智科學的投資觀念指導我的基金投資，我相信我的「基金操盤手」之路才剛剛開始，我也相信我的未來在有基金相伴後，會更加豐富多彩！

# 4、基金愛情雙豐收

　　無論在為人還是在理財方面，我都可以算得上屬於保守型。幾年前，別說基金，就連股票都沒炒過，對於像炒股這類風險性投資，我的態度是寧可把錢放到銀行，也絕不投到股市。理財基本上停留在記帳和儲蓄的低級階段。我對基金的感性認識始於周圍的同事紛紛成為基金操盤手以後，那時只知道基金比股票保險些，買了基金就算不賺錢，也賠不了多少。幸運的是，老同學阿邁給我這個菜鳥基金操盤手補上了寶貴的

一課。

　　還是在接近年終的時候，有一次參加銀行業務座談會，我驚喜的發現高中的老同學阿邁竟在對方銀行的組會人員中，想不到他大學畢業後也來到了這個都市。在招待宴會上，阿邁問我：「現在不少人都是飢民（基金操盤手），阿新，你買雞精（基金）了沒有？」我回答他：「我不太喜歡雞精煮菜的味道。」此言甫出，周邊的人個個笑得噴飯，我這才反應過來他說的是「基金」。

　　阿邁立刻為我解圍，他話題一轉，娓娓道來：「你可以嘗試一下的。很多基金風險小、升值快，收益挺大的。」他還向我透露：「如今基金投資方興未艾，前景走勢也十分看好，現在進基金市場，是個千載難逢的好機會！」阿邁的話令我有些心動。我問他哪種基金適合我，阿邁向我推薦了華○成長基金：「選基金很重要。每一支基金都要由一個基金公司來操作，所以他們的掌舵人就很關鍵。我們平時不僅要關注基金的淨值，還要關注掌握基金的舵手。華○基金公司成立很早，是成熟的基金管理公司之一。阿新，最近這支基金剛剛上市，是今年年底成立的三支開放式基金中的一支，有優秀的投資團隊打理，你買它沒錯！況且它申購下限是五千元，門檻不高呵。」

　　像所有的基金新手一樣，我當時心裡的期望值就是，試試吧，只要高過銀行定期利息就行了。就這樣，我花了兩萬元購

得了我人生的第一支基金──華○基金。由於錢投進去了，我對基金知識的關注變得格外強烈。經過和阿邁的多次交流，我對基金有了一個初步的了解，知道什麼是開放期，什麼是封閉期，什麼叫建倉。在他的指引下，我在網上找到該公司的介紹，又搜尋了網友們對於這支基金的評論，大家眾口一詞的好評，令我十分滿意。阿邁還想動員我再加購些，我沒有答應。「阿新，機會難得，你不再多買些？」「先買兩萬試試，如果收益不錯，我還會再跟進。」

過了一段時間，我從網上看到，自己買的基金不但沒有上漲，反而跌了一些，我立刻坐不住了，馬上拿起手機給阿邁打去：「阿邁，怎麼搞的，我的基金不但沒有漲，反而跌了那麼多。我是不是被套住了？」「阿新，不要緊張，升一些、跌一些都是正常現象，像我去年買的一種基金，就稍微跌了一點我不但沒有賣，反而趁低價又買了一萬，結果現在這支基金已經漲到快一倍了。」他還解釋說，買基金不同於股市上的短線搏殺，投資基金應該長久，不能像股票一樣今天買進明天拋出，基金的費用是很多的，操作不宜過於頻繁，如果你熱衷於短線進出，肯定是有違基金的初衷。他還說，華○基金是成長型基金，主要投資於具有良好成長性的上市公司的股票，在保持基金資產安全性和流動性的前提下，完全能夠實現基金的長期資本增值。聽了阿邁的話，我的心暫時放到了肚子裡，認識到耐

心的重要性。

　　過了一段時間，跌到谷底的基金開始止跌回升。雖說當年證券市場依然十分低迷，基金業出現大面積虧損，但華○成長以較強的選時能力使其淨值處於面值之上，成為該年度開放式基金的領頭羊，節節上漲，日日攀高。這天，我又在網上看到捷報，我購買的基金已經漲了，我算了一下，兩萬元的本金已經淨賺將近五千元。我再次打電話給阿邁，問他現在是否可以把手頭的基金賣掉，沒想到阿邁卻說：「你現在就賣，不知道多少人搶著買呢！」他接著告訴我，基金和股票不同，講究長期持有，這樣才能將收益最大化。他還用黃金做比喻：「阿新，如果你家裡有一根金條，金價一漲，你是否會把它賣掉呢？」「當然不會，因為它還能升值呀！」「基金其實跟金條一樣，是會不斷升值的。」「好的，我明白你的意思了。」果不其然，華○成長準確抓住了行情，當日淨值成長率高達百分之四點二，在基金大軍中脫穎而出，成為當年開放式基金投資業績第一名。

　　從此以後，我對基金的興趣更濃厚了，購買基金的金額也逐漸加大，為了分散風險，分別購進了阿邁推薦的三支基金。自此以後一發不可收拾，熱衷於研究基金和基金公司。近年來隨著股市的調整，基金下跌甚烈，我周圍很多人都贖回了基金，並勸我也盡快贖回，我沒有同意，我牢牢記著阿邁的話：「要有耐心，讓基金經理有時間安排調整，不要輕易放跑一匹黑

## 第 10 章 基金新手不可不知的九個真實故事

馬。堅持長線投資才能獲得高額回報。」我還記得他舉例說，他曾買入○○紅利精選，由於表現實在不怎麼樣，在忍無可忍之下終於贖回，未料它在股市調整時大放異彩，成為收益率的冠軍。我鐵了心做好了長期投資的準備，對於基金一時的下跌並不在意，看好長期的發展。不知不覺中，我的風險承受能力大大增強。 在阿邁的影響下，我認識到，我們購買基金的目標是什麼，還不是為了擁有快樂幸福的生活？！可是在實際中很多基金操盤手的「快樂指數」並不高，整天緊張的盯著行情，稍有漲跌比股民還在意。如果賺了錢，就歡天喜地、洋洋得意；一旦淨值跌了，就驚慌失措、垂頭喪氣，甚至攻擊基金公司和基金經理。

一個成熟的基金操盤手是一個快樂的基金操盤手，他會把投資基金當成一種生活方式，不以漲喜、不以跌憂，這是比金錢更豐厚的心情回報。我的春天終於來了，我對基金公司和阿邁的信任隨著基金的轉陽而得到了印證。我所購的幾支基金全面開始了回升，作為華○基金旗下的旗艦產品，華○興華基金累計淨值成長率達到百分之四百二十，位列全部封閉式基金之首；華○成長基金也以高過百分之一百三十的收益率名列前茅，僅這兩支，淨值成長率均超過百分之百，我其他的兩支基金投研能力也得到了市場的檢驗，取得了不菲收穫。現在，我手中的「金條」是不會考慮拋出的，阿邁告訴我，要像華○基金公司

一樣，要有穩健投資從而實現長期獲利的理念，在控制風險的前提下，追求長期穩定成長的投資回報。因為國民經濟具有長期發展的趨勢性，規模龐大、持續成長的經濟體將孕育大量的優質企業，這是股票市場、同時也是基金市場未來長期看好的基礎啊。

轉眼間過了幾年，隨著股市的「井噴」，基金的購買高潮也隨之到來，我身邊的人，許多都把「雞蛋」放進了基金的籃子裡，這無疑令我對自己的投資越更加有了信心。我心中唯一想說的就是「感謝華○基金」，它不僅讓我獲得了不少收益，更重要的是透過這個紅娘，我有緣相識、相知了現在的丈夫 —— 阿邁，是他，使我們生命的軌跡在時空的隧道中交匯於一起！

# 5、基金理財，實現我的理財目標

與華○基金的初次相識完全是一個偶然。剛從大學懵懂中走出來，卻又要走進研究生象牙塔的我對投資是絲毫不知的，朋友們經常拿這件事來尋開心，笑我白讀了幾年經濟學。對此，我也是常常一笑置之，可心中一直在想「讀聖賢書，做聖賢事」。可誰也無法想到「她」的出現卻改變了我的生活。

她是研究生班的新同學，白皙的皮膚，烏黑的長髮還有一張令人心醉的面容，沒有人不會被她所吸引。與她的相識也是從學生工作開始的，就在我被選為班長時，輔導員告訴我，說

# 第 10 章 基金新手不可不知的九個真實故事

我應該盡快認識班上的同學以便於工作。我呢，本來就是一個純粹的完美主義者，所以就開始一個一個同學的拜訪，當輪到她時，我並沒有意識到：就是這第一次跟她的交談，我的生活變得更加精彩！我算是男生中很靦腆的那種了，跟初次認識的人交談已經夠讓我受的，何況是她！一走進她的宿舍，她就急忙讓我坐在凳子上，至於後來，實際上我已經記不清楚那天我和她之間究竟說過什麼，但是我唯一確信的是那次談話讓我感覺很舒服。

　　從那以後，日益增多的交往讓現在的我們從陌生變為熟悉，緊張也竟然成了一種難得奢侈。的確，她是一位很不可思議的女孩，不僅是因為她本科主攻數學，而是她對經濟的了解，特別是對投資的了解遠遠超過我以往所認識的所有同學。還記得她第一次說出「華○基金」這個詞時，我一臉尷尬的情景，完全沒有概念的我竟然理所當然的認為這是一所慈善基金會或者其他什麼公益組織。當她聽完我的回答時，噗哧一聲就笑了出來，這一笑可不得了，她就沒停下來。我煩悶極啦！實在是很丟人啊！後來，她說那天她第一次覺得我很「可愛」，但也是第一次把肚子笑疼啦，連晚餐也給省啦！緩了很久，她才告訴我華○基金是一家基金公司，也就是做投資的，這下我才恍然大悟。其實，她已經是華○基金的老粉絲了，手中有許多支金融產品，包括大盤精選、華○紅利等。話說到這，我的

心裡已經開始打起了小算盤：看來，只有我盡快懂得基金的知識，才能挽救我這份期待已久的愛情！可後來每當我牽著她的手，告訴她當時我的心中所想時，她總是說即使我不懂基金她也會愛我，但是如果我懂基金愛情會更加堅固。所以說呢，在冥冥之中老天註定我的愛情與基金離不開啦！說實在的，剛開始我對基金的確一竅不通，可是當我開始去了解它時，我發現它是一種很值得嘗試的投資產品，而無論從風險還是回報兩個方面來說。

　　女友常常對我說：買基金的人會變得很懶！我剛開始還不懂其中的含義，後來才明白這就是基金能帶給我們的，相比它給予的回報來說更具有價值的東西 —— 時間的節約。也許你的基金每天的收益率不高，也許你會認為它占用資金很多，可是相比之我們每天盯著電腦螢幕、忐忑不安的注意著股價的變動時，基金投資者無疑是幸福的。你完全可以一個月不去查詢你的基金淨值，你也不用為股票式的不可控制風險而誠惶誠恐。有時候你會覺得，投資基金就像是在品一壺有著濃香的好茶，在悠閒的時空中享受味覺帶給你的美妙！在女友的建議下，我大筆購買了華〇成長和華〇穩增兩支基金。也許是初次投資讓我很興奮吧！我完全不理會女友事前向我灌輸的「懶人準則」，每天上完課一回到宿舍，打開電腦的第一件事情就是登錄華〇公司的主頁，查詢基金淨值。每一次的成長，哪怕是很微弱的

漲幅都讓我興奮不已，的確，這才叫做投資以及投資的樂趣！時間匆匆而過，投資基金產品也快半年啦！這段時間也成為我生活中最精彩的一部分，不僅是因為在愛情上面的收穫，而且還有基金給我的豐厚收益。我喜歡把自己的快樂跟別人分享，現在身旁的許多人跟我見面時都會說：基金不錯啊！謝謝你的推薦！對此，我感到無比的快樂，無比的高興！其實，我心裡一直想說：給你快樂的不是我，而是華〇基金。也許是出於年輕人的浮躁吧！有時也曾產生過改投股市的想法。可女友一直鼓勵我堅持，她說的好：股票是一隻兔子，而基金是烏龜，兔子每天都在上竄下跳，而烏龜每天都在踏踏實實向前走。至於龜兔賽跑的結局大家都是知道的，基金雖然回報慢，但是給我們的卻是很實在，很安心的收益，這是股市所不能給予我們的。我想她是對的，在學校裡的我們時間成本實際上已成為我們選擇投資產品的首要因素，而基金能給予我們這樣的選擇。

# 6、用基金膨脹「小金庫」

做為男人，我敢說十有八九的男人有「小金庫」。雖然女人們提高警覺軟硬兼施搜索盤查，男人們的小金庫仍然呈「野火燒不盡春風吹又生」之勢。都說存在的就是合理的，大量的事例也都證明，男人有「小金庫」絕對是利大於弊。孝順父母、接濟親朋、取悅岳母、討好妻子、與人交際……這些資金都要來自

「小金庫」。沒它行嗎？

　　常言道，坐吃山空，如果只出不進，再大的「小金庫」也受不了。如何把「小金庫」的庫存理好，讓它不斷的升值，不斷的豐滿膨脹，是每個「小金庫」男人都必須探討的問題。做活做大自己的「小金庫」，也充分展現了一個男人的智慧。本人「小金庫」理財原則是：「不斷融入，進出有序，錢要生錢，膨脹壯大。」「不斷融入」：是指可以吸納進來的資金應該應收盡收。「進出有序」：是指該動用「小金庫」時候，絕不要吝惜，但有出更要有進，保持動態平衡。「錢要生錢」：是指利用好「小金庫」的現有資金，透過科學的理財方式，借雞下蛋，借筆生花，使資金不斷增值。「膨脹壯大」：是指「小金庫」資金應該像種子一樣，不斷的生息繁衍，才能發揮它應有的作用。

　　「錢要生錢」是最關鍵的問題。在這方面我費盡了心思，也走過彎路。曾經存過銀行吃利息，借給朋友拿利息，還買過彩券想中大獎。結果是存到銀行利息太少，根本不見成長；借給朋友做生意，準備拿點高於銀行的利息，但借錢容易要錢難，弄不好還影響朋友之間面子和情義。買彩券中大獎這樣的夢是很好做，但意外之財的回報率幾乎為零，投資多多，回報卻少之又少，沒有見到什麼大獎，只中過為數不多的幾個安慰獎，「小金庫」的資金只見出，不見進，直接影響到了「進出有序」的原則，絕不能做「坐吃山空」的事。山窮水複疑無路，柳暗花

# 第 10 章 基金新手不可不知的九個真實故事

明又一村。

　　一位銀行的朋友介紹說，買基金回報率較高，風險較少，還給我舉了他們銀行同事買基金的事例。我當時聽後，眼前一亮。想做就做，但必須慎重。我進行了兩個月認認真真的研究，最後將「小金庫」中的十五萬元投入到基金中，成為一名基金操盤手。初入基金市場，天天有些緊張，心與股市大盤系到了一起，只要一有時間就在網上查詢基金資訊，時刻關注大盤變化，幾次大盤上漲，心中竊喜，暗中盤算十五萬元能帶來多少利潤。但大盤有起有落，落的時候，心中就像壓了塊石頭，總是沉沉的。好在當時比較幸運，投在了「○○成長」這種比較穩健的基金上了，可以說選的基金種類較好，那年股市大盤牛熊兼有，雖沒有賺到什麼錢，但比存銀行利息還是高了很多。一年的實戰鍛鍊，感覺自己這個基金操盤手逐漸成熟起來，不在為一時的大盤長跌魂不守舍了，而是要放長線釣大魚。捨不得孩子套不著狼。嘿嘿！將全部「小金庫」中的四十萬元全部投入到基金中。我的原則是：「既集中又分散，既要集中資金投到一種看好的基金上賺到大錢，又要分散投資化解風險。」集中就是將其中二十萬元投到穩步上升、業績較好的「華○成長」，其餘二十萬元分別買了其他四種基金，兩種混合型，兩種股票型，我選的基金公司都是成立較早、業績比較平穩的基金公司。二○○六年真是基金的回報年，僅這一年，四十萬

元就變成了六十五萬元，還帶了零頭。這真是種瓜得瓜，種豆得豆，只要敢下種，一定會有好收成的。

　　二〇〇七年初，我又將所買基金進行了微調，堅持「在穩中求快」原則，把「小金庫」六十五萬元的資金全部放在基金中，就準備能有一個好的收成。近一個時期，經濟保持了快速發展的態勢，第一季度雖然股市大盤大幅振盪過，但總體上升趨勢強勁，給我帶來了豐厚的回報，又有十萬多元入帳。根據專家的預測和本人的估計，到今年年底，我的小金庫就可以突破一百萬元。一百萬對於那些有錢人不算什麼，但對於我這樣上班族來說，可不是個小數目，它的作用可大著呢！想一想，我要是哪天開回一台高級轎車，載著老婆孩子到風景區兜一圈，該是什麼心情……　回想起這些年來自己「小金庫」的發展史，可謂是「酸甜苦辣鹹」五味俱全，最終是投資基金給我帶了甜的感覺，並且是越來越甜……同時，正因為「小金庫」越來越膨脹，家庭和睦，左右逢源，皆大歡喜。那些「小金庫」沒有走上正軌的朋友們，趕快建立起科學的理財方式，現在投資基金還為時不晚，早下手為強啊！當然，也給那些千方百計膨脹「小金庫」的男人朋友提個醒，一定不要忘了做好老婆的溝通，使其開通、豁達、通情理，為我們日後東窗事發留一條後路。其實女人在發現老公存有私房錢的情況下，大可以不必動怒，也莫要驚慌。耗子和貓各有高招，因人施教，因人制宜，拿出你的

聰明智慧，外加柔情似水，略施小計，他也會乖乖的。

# 7、我從股民到基金操盤手

　　我是個十年前就進入股市的老股民了，記得當時看到別人炒股賺錢如此輕易，自己心裡也有點癢癢的，於是就先拿出幾千元投石問路，沒想到，當天買入，第二天就漲了，小賺一千元，心裡哪個高興啊！於是繼續加大投入，結果可想而知，那一年一直處於低迷階段，直到一陣子，我買的股票又小賺了一點，但是太貪心了，一直沒捨得賣，以後就住套房。我的性子比較慢，是屬於「死豬不怕開水燙」那種的，被套住也沒有走，死活不肯停損，有的股票就越套越深。記得被迫腰斬的只有兩支。不過就算一直放到現在，股價還只有四元左右，仍然沒有解套。雖然買的大部分股票都小有所得，但總的來講，投資二十五萬元，每年能賺到五萬元以上的機會還是比較少的，特別是熊市那幾年，幾乎一無所獲，有一次還差點血本無歸。

　　由於炒股的收益太少而且很不穩定，我在上網時看到開放式基金收益比較穩定，頻頻分紅。當時正值行情低迷時期，賺錢很難，而有的開放式基金還居然能夠每隔幾個月就分紅，感覺難能可貴。於是試探性的在銀行開戶，買入了開放式基金，同時留了一點錢繼續投資股市。當時還搞不清楚前收費與後收費的區別，銀行員工也不清楚，說是都差不多，於是至今我的

帳戶上既有前收費的，也有後收費的。那時真像一塊海綿一樣，不斷的在網路搜尋一切與基金有關的知識，邊學邊練，出來一個新品種就去嘗試買，有高分紅就去買，結果我現在的帳戶已有基金多達十幾個，雖然因為用錢的原因贖回了幾個，但到今天我回頭再看，凡是贖回都是錯誤的，當時都只賺了一點點，而基金淨值都升到天上去了。

以後就知道學會抱住基金，特別是老基金。有些基金在一個階段表現並不怎麼樣，漲得慢跌得快，後來我知道這是基金經理在調整，熬過這個階段後就會發現基金就像生了翅膀一樣不斷上漲，甚至股市下跌基金還照樣上漲，於是我明白了什麼叫基金投資的耐心。凡事都是從錯誤中學習最快，我在基金投資中有幾個錯誤：

一是沒有足夠的耐心。比如買入○○紅利精選，上半年實在表現不怎麼樣，在忍無可忍之下終於贖回，結果它在下半年股市調整時大放異彩，成為收益率的冠軍。

二是只看高分紅買基金，結果錯過了幾個淨值成長最高的基金，雖然現在買的幾個高分紅基金表現尚可，但也說明了選擇的盲目性。

三是沒有及時配置指數基金。如果說今年上半年還是主動投資型基金戰勝了市場的話，那麼下牛年應該說指數基金展現了強勢。我在投資組合中，有股票型基金，有偏股型基金，有

# 第 10 章 基金新手不可不知的九個真實故事

偏債型基金，有平衡型基金，還有貨幣基金（以備急用錢），但就是缺了指數基金。前一段時間看著指數一日千里，而手中幾個股票型基金卻如蝸牛一般踟躕不前，真是感到無奈。

四是投資過於分散。我看了一些文章，就講究投資組合，但是本金只有十來萬，卻投資了十多檔基金，股票型基金有的投資組合雷同，一榮俱榮，一損俱損，現在看來，沒有什麼意義。還不如精選幾種不同類型的基金重倉持有，收益更大。

今年我算了一下，基金投資十來萬，帳面收益加分紅賺了四到五萬，其中有兩檔基金市值已經翻倍，比歷年股票投資收益都高，也比我今年炒股收益高得多，我想，也算有點體會吧。

一是要有耐心，讓基金經理有時間安排調整，不要輕易放跑一匹黑馬，比如大〇精選前一時期淨值成長較慢，我在網上搜索了一下，幾乎被口水給淹沒了，但現在這個基金又開始啟動了；

二是善用直銷方式購買基金，盡量減少手續費。當然，畢竟在銀行買比較方便，網站容易打開，每天都有淨值更新，可以看到自己擁有的市值又增加了多少；而基金網站隨著訪問量的增大，經常堵塞難以打開，忙了半天什麼也沒看見，讓人心裡總有點忐忑不安，不知道自己那點基金的去向。看來今後還有待進一步改進。

三是一旦購入股票型基金，要做長期投資的準備。我喜歡

買後收費基金，一方面申購時基金份額多一些，另一方面只要投資時間足夠長，手續費就越來越少。這就要求在購買前盡量考慮周全，留足生活備用金，並將貨幣基金作為現金管理的主要方式，以免迫不得已贖回基金。長期炒股使我的風險承受能力大大增強，我對於基金一時的大幅下跌並不在意，看好長期的發展。比如某年隨著股市的調整，基金下跌甚烈，我周圍很多人都贖回了基金，並勸我也盡快贖回，我沒有同意，反而趁低進行了基金轉換，即把貨幣基金逐步轉換為股票基金，至今取得了不菲收穫。

四是購入基金後，立刻將分紅方式改為再投資。既然我們認為股市上漲是牛市的開端，那麼為了獲取複利，完全有必要將分紅再投資到基金中，有理由相信，基金經理會為我們，同時更重要的，也是為他本人和基金公司創造更大的財富和商譽。

五是選擇能夠經常恆定分紅的基金。我不太喜歡不分紅的基金，因為炒股經常坐電梯的感受並不美妙，同時對複利的追求也是分紅存在的理由。分紅不能在行情好的時候就大分特分，而在股市調整的時候卻一毛不拔，每次不必分得過多，以免賣出大量有潛力的股票，只要能夠保持每年百分之十～百分之十五的分紅數量就相當不錯了。

六是寧願購買老基金，特別是二〇〇五年行情低迷時發行的基金，也不要去購買新基金。因為事實已經證明：在牛市當

中老基金的收益率比新基金高的多。至於淨值高低之惑，只有那些基金新手才有，對我來說，只有不斷去發現有賺錢能力的基金，而不是等待新基金的發行。

七是要在一次性投資的基礎上堅持定期定額。我從去年底開始，每月從薪資中 . 拿出五千元，分別投資到一個股票型基金兩千五百元，一個平衡型基金兩千五百元，堅持至今。同時如果有較大額資金在手，也不排斥在行情下跌時一次性投資。現在回頭再看對帳單，發現基金波動挺大的，不管是股票型的還是平衡型的，而定期定額確實攤平了成本，雖然只有一年，成效還是比較顯著的，更重要的是，讓我養成了強制儲蓄的習慣，眼看著收入穩步成長，真是做夢都會笑醒。當然，這是開個玩笑！

以上經驗和教訓，供同道分享。因為我也分享了很多投資者的寶貴經驗，同時從基金公司的網站學到了大量有益的知識，並轉化成我的財富。雖然這筆財富現在看來還是很不起眼的，但我堅信，複利的威力是巨大的！

# 8、過一個有尊嚴的晚年

「長線是金」，這句投資至理名言無意間被我拾起採用，至今也讓我體會到了基金投資的真諦。如今，我認準了這個道理，準備長期持有，希望晚年能夠過上蕭灑而有尊嚴的生活。

二〇〇四年年初我開始投資基金，也許是一種緣分，我的首檔基金是市場上元老級的華〇成長基金，一共約投入十萬元。同時在分紅方式上我選擇了紅利再投資。過了幾個月，我又接觸到了一個新的流行名詞 —— 定期定額投資，於是我到銀行簽約開通了此項功能，約定每個月的十五號，由銀行從金融卡代扣四千元申購華〇成長基金。不過當年八月分，臨時貸款買了一間房子，改變了我的基金投資計畫，我把原先投入的十萬元全部贖回。事後，我的金融卡只代扣了兩期用於購買基金，就沒有閒錢可供定期定額投資了。

這樣整個帳戶上只八千餘元的資金。原以為買了房子後投資理財從此遠去，因而也沒在意這一點資金。期間我陸續收到基金公司按季寄送的對帳單，但前兩年行情不好，基金餘額成長不明顯。這樣持續「糊塗」了兩年，到了二〇〇六年，股市行情回暖，基金淨值開始「水漲船高」，同時基金分紅次數也越來越多。這讓我開始享受到投資的成果，一方面淨值成長帶動帳面資金上升，同時紅利再投資充分發揮了它的長處，每次分紅過後，我的華〇成長基金份額也跟著增加。

伴隨著股市的震盪向上，我身邊的一些朋友開始把基金當作股票來炒。我則一直抱著不動。今年第一季度基金對帳單寄達後，令我驚喜的是，基金份額幾乎翻了一倍。與此同時，資金餘額也從此前的八千餘元上升到兩萬多元。這真是不看不

## 第 10 章 基金新手不可不知的九個真實故事

知道，一看嚇一跳。因為它讓我感受到了長期持有和複利的威力。相比之下，去年我投入一萬餘元炒股，擔心調整持了半年就賣掉，如果改買基金並一直持有，收益早就超過炒股。

在我無意間取得收益時，我也成為了同事眼中的基金顧問，因為我在部門是較早投資股票型基金的一個人。今年一月分，華○成長基金分紅淨值歸一持續行銷。在我先期投資賺錢效應下，我的一位同事也申購了十萬元華○成長基金。到目前為止，這位同事的收益率也達到了百分之五十左右。初試牛刀頗有斬獲，我同事後面不斷加大了基金投資。截止到目前，我部門其他同事除了三個炒股外，剩餘的都成了基金操盤手。

記得今年在一次投資講座上，對於嘉賓提出的持有兩年的建議，迎來的卻是諮詢者一片質疑聲：「這也太長了吧，牛市能撐到那時嗎？」也許先知先行者註定是孤獨的，但剔去市場浮華背後，終成正果者從來都是一小部分長期持有者。這個古今中外公認的準則，我為何不去嘗試，間接做一回小巴菲特呢？眼下我已打定主意，今年下半年重新定期定額投資，每個月繼續存入四千元購買基金，以時間換增值空間，一直到退休。也許有一天當別人還在為晚年生活而愁眉時，我卻是「採菊東籬下，悠然見南山」。

# 9、做一個讓基金經理害怕的基金操盤手

我原是個老股民。一九九五年，股市紅火那陣子，我乾脆辭職在家成了一代「職業股民」，那時候，每天在股市上追漲殺跌，幾年下來，錢沒賺到，反而把本錢也賠進去好幾萬。直到股市暴跌之後的第三個月，我從股市全身而退。

作為股民，失敗了，總要對幾年來的炒股生涯做一個總結吧。總結起來，還是把握不住股市內在規律，一味的依靠人云亦云，從消息面聽從他人的觀點，反倒沒有自己的觀點，這樣的炒作只能是憑運氣而已，其後果也只能是虧損了。再說了，炒股並非是一種職業，倘若把它當成一種職業來做就不合適了。

找到了原因，可既然是股民了，想隱退江湖還是非常難的，總不能不退不進吧。總不能做一輩子股民吧，以後我開始找工作，等找到了工作，我便暫時離開了股市。股市雖然離開了，我總不能「一朝被蛇咬，十年怕草繩」吧，考慮再三，我選擇了基金，也就從那時起，我由「職業股民」變成業餘基金操盤手了。除了股票，基金也活躍在股票市場上，然而，這種基金都是由專家們來打理，買基金就等於把錢交給基金經理來理財，既能享受股市帶來的利潤，又能規避風險，再說，在股市上，基金雖然漲起來慢，卻具有穩定性，碰到暴跌的市場，基金也跌的慢，能夠讓基金操盤手們從容出進。

把市場分析透了，我開始注重基金的變化。首先我選擇了

# 第 10 章 基金新手不可不知的九個真實故事

暴跌的景○基金，當年基金景○碰上了地雷束○電子，一陣暴跌之後，基金景○也開始出現大跌，暴跌再跌，我看基金景○的各項技術指標都出現黃金交叉，就買進了小試牛耳，實現了股轉基的轉換。

自打我買上該基金後，該基金一路上行，因為當時市場還不是太好，我決定在基金上做波段，堅決按照低買高賣的原則，不再追漲殺跌而成為市場的打工仔。我看市場清淡，不像有大行情的徵兆，賺錢還是落袋為安，我相信市場有句話，現金為王，只要手中有錢，還愁沒有機會嗎？我給自己定下一條鐵規，等到暴跌之時再出手。

這一次，我「隱退」江湖達幾個月之久，可「隱退」江湖的滋味也不好受，我不入市，股市依然在漲漲跌跌中進行，這也是鍛鍊我耐心的時候，股市下跌當然覺得心情好，可一旦上漲，我就坐不住了，只想把錢全部投入基金賺個飽，有幾次，市場的星星之火在燎原著我的心，弄得我手心癢癢，一次，我的手在交易軟體已經打進了基金代號，也就在最後一刻，我想起賠錢的痛，決心不能追高，只要有錢就會有機會，最終選擇了取消。

我的既定方針幫了我的大忙，我沒有在大跌前進入基金，躲過了最後的一劫。二〇〇四年股市開始暴跌，在暴跌的日子裡，我開始積極準備人市準備，基金不像股票一樣要研究財務

報表等那些複雜的數位，預測其發展前景。對基金，我只關心一點，那就是看準暴跌機會，打一次翻身機會。

　　為了更準確的進入股市，我氣定神閒，因為此時股市已經跌的不成樣子了，基金景○底部放量明顯，也早已超出了我預期買入價，各項指標也出現黃金交叉。一支基金跌到如此價位，下跌空間顯然已經沒有多少了，可股市上的人卻仍在議論股市還要下跌多少，我想，這種情況表明入市時機已經顯現。為了保險，我把獎金分成三份，用三分之一的錢買進基金景○後回家了。

　　以後的日子，股市回暖，雖然我賺錢了，可這種賺總是報表上的，我沒有沾沾自喜，而是考慮二次建倉。基金景○迅速上升，大盤的上升趨勢已經建立，我便毫不猶豫的又加碼基金景○，至此我的建倉完畢，其餘獎金，即使股市行情再好，這錢絕不會再進了。

　　前個階段，大盤狂飆，而基金卻按住腳步不動，有人勸我把基金打掉換成股票，當時，我也有這種想法，可認真分析後，覺得基金的主升段還沒有到，如果把基金換成股票，倘恰好到了股票的高潮已過，而基金的主升段也來臨，那時候後悔也來不及了。再說，當年看好基金，就因為看好基金的穩定性，我的基金已經賺了錢，又何必得隴望蜀呢。

　　端正心態，就能有一個理智的頭腦，這時候，許多基金操

盤手開始基金轉股票，我身邊有幾個基金操盤手剛把手中的基金換成股票，基金猛漲，而手中的股票卻在下跌，這種錯誤的操作導致他們的經濟損失非常大，他們大呼上當，早知這樣，還不如按兵不動呢。這時，再看我的基金景○，已經快要逼近新高了。

　　股市這種火爆之時，最能鍛鍊人，看別人都在打短線，我卻是穩坐蓮台，我的心態更為平穩，股市一旦形成了上升趨勢，是輕易不會改變的，炒的越高，就越需要時間，我買的基金成本那麼低，我何憂之有？最近，股市仍在上竄下跳，股民基金操盤手們都在忙著買入賣出，而我只盯住基金景○的成交量，只要該基金不連續放出暴量，我決不出手。

　　想想這一年多以來，我雖然沒有每天泡在股市上，卻也是戰績卓著。前幾天，有個基金操盤手問我，我那幾萬股基金賣了嗎？我說還沒有。他自語道，世上真有這麼頑固的基金操盤手，倘哪個基金經理碰上你這種基金操盤手算倒楣了，今年賺大了吧？我笑笑，說了句，我輩仍需努力。

# 10、長恨春歸無覓處
## ── 基金投資的日子裡

### 偶然的機會結識基金

我在一家林業公司工作，收入不高，支出卻很大，工作十

多年來家庭也沒什麼積蓄。面對日益衰老的雙親和逐漸長大的女兒，時常感到家庭經濟的拮据，單純的節支不再那麼管用了，而岳母又經常在我們面前提及她有錢的二女兒，開源的事不時縈繞在心頭，一次偶然的機會卻使老問題得以比較輕鬆的化解。

去年十二月，看到街頭證券公司散發的推銷貨幣基金的傳單，稱其收益堪比國債，流動性又像活期存款，於是動心了，抱著試試看的心理買了一點華○現金貨幣基金。這是我邁出投資的第一步，沒想到這竟是通往成功的堅實的一步。

### 買新基金後才開始了解基金

二月下旬，我計算了一下基金的收益，發現基本趕上一年期定期存款，感覺有了一點成就感。此時剛好又湊足了一萬閒錢，覺得存銀行利息太少，再買貨幣基金獲利也不多，於是買了同為華○公司旗下稍有一點風險的華○債券基金。三月初從華○公司網站查詢其申購情況時，發現申購份額沒到一萬，感覺是不是被騙了，這才開始研究起基金的來龍去脈。一個星期的惡補後基本弄清了基金的運作原理。那時候因要認真思考基金的運作，經常一個人對著整屏的文字、資料「發呆」，以至於老婆經常以為我生病了，她最擔心我們好不容易存下來的一點積蓄平白無故的送給醫院。此時，股市大盤在整理，同事炒股都被套牢了，我雖然相信基金是專業投資，收益有一定的保

證，但也開始動搖起來。

　　三月中旬，股市終於走出了近一個月的盤整，確立了向上的趨勢，部分證券人士也放出了「牛市來了」的預言。看著慢慢上漲的股市，還蠢蠢欲動的想投資進去。但理智終於占了上風，將一筆到期的定期存款取出，背著老婆偷偷的買了興業趨勢基金。這是一檔股票型基金，屬於高收益高風險型的。我申購的主要理由有三：一是該公司旗下另一檔基金興業可轉債經常分紅，當時淨值極低，就像認購新基金一樣；二是我已有貨幣基金和債券基金，也應該適當配置一點股票基金；三是當時認為興業基金公司就是興業證券的子公司，而興業證券在本地是很出名的公司。此後幾個月裡，行情向好，股市大漲，該基金收益也水漲船高，淨值沒什麼大起大落，且在相當長一段時間裡還被基金頻道等多家機構極力推薦過。一個月後，當我將這個消息告訴老婆時，她暴跳如雷的樣子簡直就像要把我吃了！但當我把近百分之十的收益報告遞給她時，她欣喜若狂的表情確實讓我感覺到了無比的喜悅。時至今日，該基金收益已翻倍，其漲幅連我自己都不敢想像。我覺得這是我最成功的傑作，每念及此總覺得自己似乎就是投資理財的「專家」而飄飄欲仙。我把這種快樂的心情帶進了公司，覺得工作起來總有用不完的能量，開創了工作的新局面，年終考核時我的工作竟然拿了業績第一！

三月下旬，華○債券基金即將分紅，我趕緊網上申購了一萬份該基金，幾日後認真核算一下，沒撈到任何好處，倒貼進去一筆手續費。繳學費的收穫是弄清楚了基金分紅的原理。四月初，新一輪上漲行情已經確立，基金淨值也大幅攀升，「懼高症」使我一時不敢接觸高淨值基金。我已習慣按照各大網站提供的「基金排行榜」以及自己對股市、基金市場的一點初略認識選擇新基金。此時，排行第一的上投摩根基金公司發行了一檔新基金，有了「手續費」的教訓，趕緊網上認購了一萬，省了幾一些錢，呵呵。沒過多久，部分專家及眾多網友就對該基金讚不絕口了。哈！終於又抓住了一支「績優基金」。

隨後「股市紅五月」來臨了，看著眾多賺得缽滿盆溢的股民，我也心動了，我開始檢視起自己基金的投資組合是否有問題。此時，股票型、配置型基金的收益遠遠高於債券型和貨幣型基金。

認真研究後我不顧證券公司的勸阻，把他們一直看好的華○債券基金的一半轉換成了「華○回報」。此後二十多天裡，該基金分紅三次，較高的收益再次證明了這次轉換的成功。六月初，終於忍受不了貨幣基金超低的收益，我贖回了去年十二月買的第一檔基金「華○現金」，考慮到股市已在不斷橫盤整理，遂買了銀○公司新發行的「銀○優質」股票基金。至此，我構建了一個股票型、配置型、債券型（比例為 4：4：2）的投資組合。

## 第 10 章 基金新手不可不知的九個真實故事

如果到此結束的話，我的組合應該是相當不錯的，五檔基金中有四檔是購買後被專家極力看好的，我似乎也成了家裡最受尊敬的人（因為他們看到我在短短的三個月裡創造了幾萬元的收益），憑那點「三腳貓」功夫我還成了同事們投資基金的顧問，那段時間是我最開心的日子。

**堅定持有，獲利豐厚**

然而沒有只漲不跌的股市。六月初，隨著擴容壓力的日益緊逼，瘋漲了半年的股市終於「回頭」了。兩次暴跌，資產損失一天就上萬元，一檔基金被套牢，讓亢奮的我一下子清醒了過來。牛市見頂了嗎？我一遍遍的問自己，卻總找不到滿意的答案。最難過的就是整日在考慮是持有還是贖回已獲利不菲的基金，有時甚至是通宵達旦。專家們紛紛說這是牛市的正常調整，糟糕的是這一調整竟持續了兩個多月！我也跟著遭了七十天的罪，覺睡不著，飯吃不香，要命的是，因精神恍惚工作中出了一次大錯，公司扣我一個月的薪資！

儘管那時候股市仍在小幅上揚，但我仍心懷恐懼，懼怕那一天又來個暴跌，更害怕因此而丟了工作。

九月下旬，我的工作地點已略感寒意，但股市此時卻開始回暖了。單邊上揚的股市終於又讓我找回了久違的上漲場景，十一月初至今更是演繹的蕩氣迴腸，有時收益一日竟達七千五百元！期間雖然也有不同程度的調整，但我已從夏日的

陰影中走了出來，不再大喜大悲。白天有時間我會了解財經新聞，看看幾檔基金重倉股行情；晚上上網瀏覽媒體的評論，查查基金淨值，這成了每晚的「必修課」，再苦再累再遲（有時甚至到了凌晨）也要第一時間獲得，弄得老婆直抱怨。淨值漲了，我很高興，這是基金公司研發和選股能力高超；淨值跌了，我也不悲傷，這說明股市不太理性需要調整了，而調整之後又會進一步上攻。我就在這種期待與憧憬中開始每一天的工作，慢慢的人變輕鬆了，工作也逐漸有了起色。

今天，室外寒風颼颼，我在計算著整體達五成的收益時才最終明白了基金投資的幾個要訣：一是要選產品線齊全的公司；二是要該公司的基金表現要處於行業前列；三是在注重收益的同時風險控制得比較好的；四是要長期投資。第一年裡我分享了成功的喜悅，也品嘗了失敗的苦澀，但總覺得這一年是充實的一年，有意義的一年。

憑證公開說明書公開說明書公開說明書公開說明書資訊資訊資訊公開說明書公開說明書

電子書購買

## 國家圖書館出版品預行編目資料

基金管理大師：成為讓基金經理人害怕的基金
操盤手 !/ 趙劭甫，鄭一群著 . -- 第一版 . -- 臺北
市 : 崧燁文化事業有限公司 , 2021.08
　　面 ;　公分
POD 版
ISBN 978-986-516-783-7( 平裝 )
1. 基金 2. 投資管理 3. 投資技術
563.5　　110011724

# 基金管理大師：成為讓基金經理人害怕的基金操盤手！

臉書

作　　者：趙劭甫，鄭一群
發 行 人：黃振庭
出 版 者：崧燁文化事業有限公司
發 行 者：崧燁文化事業有限公司
E - m a i l：sonbookservice@gmail.com
粉 絲 頁：https://www.facebook.com/sonbookss/
網　　址：https://sonbook.net/
地　　址：台北市中正區重慶南路一段六十一號八樓 815 室
Rm. 815, 8F., No.61, Sec. 1, Chongqing S. Rd., Zhongzheng Dist., Taipei City 100,
Taiwan (R.O.C)
電　　話：(02)2370-3310　　傳　　真：(02) 2388-1990
印　　刷：京峯彩色印刷有限公司（京峰數位）

定　　價：370 元
發行日期：2021 年 08 月第一版
◎本書以 POD 印製